识干家

企業閱讀　學以致用

U0914203

从零开始学做
流程管理

张国祥 著

北京燕山出版社
BEIJING YANSHAN PRESS

图书在版编目（CIP）数据

从零开始学做流程管理 / 张国祥著. -- 北京 : 北京燕山出版社, 2022. 8

ISBN 978-7-5402-6596-0

Ⅰ. ①从… Ⅱ. ①张… Ⅲ. ①企业管理系统 Ⅳ. ①F272. 7

中国版本图书馆 CIP 数据核字（2022）第 112255 号

书　　名：从零开始学做流程管理

作　　者：张国祥

责任编辑：满　懿

出版发行：北京燕山出版社

地　　址：北京市丰台区东铁匠营苇子坑 138 号

网　　址：http://www. bjyspress. com

电　　话：（010）65240430

电子邮箱：bjyspress@ 126. com

印　　刷：河北宝昌佳彩印刷有限公司

经　　销：新华书店

规　　格：148 毫米 ×210 毫米　1/32 开　8. 5 印张　176 千字

版　　次：2022 年 8 月第 1 版　　2022 年 8 月第 1 次印刷

定　　价：78. 00 元

导　读

本书系统地展示了企业从战略到流程落地运行的全过程，即使是从未涉足流程管理的新人，也能迅速上手开展流程设计、进行流程管理，堪称企业流程优化的操作指南。

第一章，正确认识流程管理，打造内部高速公路。概述了流程管理在企业的实践；重申了企业管理流程的四级分类，以及企业实施流程管理的思想准备、技术准备和人员准备；阐述了企业修建内部高速公路，即流程再造的实施路径与作用意义。

第二章，做好企业流程规划，设计流程运行总图。介绍了梳理流程现状、制定流程改善规划的路径与方法，披露了企业一级、二级、三级、四级流程梳理方法。

第三章，学会流程设计技术，向流程规范要效率。从统一设计工具、统一设计方法到统一规范流程用语，培养流程思维进行范式说明，对企业三级、四级流程的设计技术与方法进行详细解读。介绍了流程说明文件的“三三制”写作法，强调流程环环相扣、流程内外皆通的必要性及具体操作方法。

第四章，掌握流程优化方法，向流程升级要效益。介绍了流程优化原则和流程优化方法，特别解读了删除无效流程、合并低效流程、挖掘高效流程、消除流程黑洞的操作要领和实施步骤，强调流程优化永无止境。

第五章，责任到岗，把流程管理与绩效管理融为一体。重点阐述了删除“部门职责”的必要性和紧迫性，强调把责任落实到岗位，并对制定全新的岗位工作标准进行了详细说明，给出了责任落实到岗位的判断标准和把流程管理与绩效管理融为一体的操作方法。

每章都附有真实案例或参考图表。案例全部来自企业实践，涉及多个领域，既有集团企业案例，也有初创企业案例，更多以规模企业案例为主，方便读者借鉴使用。

不曾画过流程图的员工，看完本书就能动手设计与自己工作相关的流程图，学懂弄通，一定受益终生。

画过流程图但不曾领悟流程管理真谛的中高层管理人员，看完本书就会有拨云见日的感觉，融会贯通，就可以自主优化企业运行流程。

企业提升效率的秘密尽在本书。企业负责人接受书中的创新观点、掌握书中的创新方法，就可以带领员工自主建设企业流程管理的高速公路，用流程解放管理者，用系统管理企业，运行效率提升，效益还能大增。

张国祥

2022 年 6 月 22 日

目录 Contents

第三章 学会流程设计技术，向流程规范要效率

第四章 掌握流程优化方法，向流程升级要效益

第五章 责任到岗，把流程管理与绩效管理融为一体

第一章

正确认识流程管理，打造内部高速公路

一、什么是流程管理

1. 流程管理的定义

要定义流程管理，首先要定义流程，清楚什么是流程，才能对流程进行管理。

受“拿来主义”影响，很多“流程定义”定义的是业务流程或管理流程，或者定义的是“好的流程”，像企业普遍存在的低效流程甚至无效流程，是排除在外的。

国内很多企业没有对流程进行管理，多数都是低效流程，还有部分无效流程。看到的都是低效甚至无效流程，以至于企业的老板和员工对照“错误的定义”生搬硬套、得出一个可笑的结论：“我们的企业没有流程！”其实，是混淆了“流程”与“流程管理”两个概念。这样的企业只是没有对“流程”进行管理，而不是没有流程。

企业运行就是流程，员工做事就是流程，只是效率高低不同、简洁烦琐不同。没有流程的企业是不存在的，没有流程的企业就是死掉的企业。

流程之于企业就是生命和空气，“流程”管理得好不好，与有没有流程是两码事。

流程无处不在、无时不在。听话的孩子是孩子，不能说不听话的孩子就不是孩子。比如小孩随母亲到超市，看到垃圾食品就要买，母亲不答应，小孩的表现是：一要，二闹，三哭，四躺倒，五打滚，六认输，七抱起，八买单，哭闹结束。幼儿园老师给孩子们分水果，有首歌是这样唱的：小朋友，排排坐，阿姨来，分水果，你一个，我一个……

前一个小孩通过哭闹得到想要的食物，这也是流程，不过不是正常流程，是小孩的习惯做法，也是惯用手法。后一班小朋友吃水果，秩序井然，这是好流程，是管理的结果。

我们对流程的定义很简洁：流程是做事的先后顺序。同样，对流程管理的定义也很简洁：流程管理是优化规范组织运行工作先后和责任岗位的组织管理行为。

有人说，既然“流程是做事的先后顺序”，流程管理不就是“优化工作先后”？

“优化工作先后”不错，也能提升工作效率。但是，如果没有责任岗位优化，其提升效率会大打折扣。试问一项工作是职务高的员工做成本高，还是职务低的员工做成本高？是两个员工做成本高，还是一个员工做成本高？答案显而易见，两个问题的答案都是前者比后者高。把总经理做的事交给经理做，把经理做的事交给职员做，把两个人甚至多人做的事交给一个人做，节省成本、提升效率也是显而易见的。比如把报销流程中的多人签字，优化为只保留“成本会计一个人签字把关”，能节省报销人多少跑腿时间和等待时间？把重复签字的人解放出来，也是节省管理成本。

因此，流程管理绝不能仅仅“优化工作先后”，还要优化责任岗位。增加“优化责任岗位”是流程管理革命性的定义。所有流程责任到岗，让工作中扯皮推诿、敷衍塞责无处遁形，让“打破部门墙”有了实实在在的理论依据。把责任划到岗位，也让流程图在实际操作或执行中简单明了。

2. 企业流程管理的定义

搞清什么是流程管理，企业流程管理的定义就简单了：企业流程管理是优化规范企业运行工作先后和责任岗位的企业管理行为。

为什么企业需要流程管理？因为大多数企业仍然沿用传统的管理，即把人当作管理的对象，参与企业管理的只有少数管理人员，人治现象随处可见，低效流程包括无效流程遍布企业、开会老生常谈、下属常犯错误、究责扯皮推诿、有功争相邀宠、有过互相指责、人才离职频繁、出差电话不断、回家签字就烦……

中小企业流程混乱绝不止以上情况，只不过以上几种特别典型。

既然流程广泛存在于企业，而且又以低效流程居多，企业就有对流程进行管理的必要。

二、管理流程的四级分类

区分流程与流程管理，区分企业的技术流程与管理流程，将企业管理流程进行四级分类，是流程管理本土化的重要创举，这些创举让流程管理在中小企业落地简单易行。

企业管理流程的四级分类：

一级流程：企业组织架构。

二级流程：企业组织架构下的岗位设置。

三级流程：企业组织运行的基本事务工作。

四级流程：构成各基本事务工作的具体活动。

企业管理流程四级分类是基于咨询实践的总结，得到了企业家和企业管理人员的一致认可，虽然对此表示异议或抱残守缺的人从来没有中断过，但是在指导企业人员梳理流程目录时，却更加证实了企业管理流程四级分类的合理性、可行性和操作便捷性。

一级流程是企业的战略分解，划分企业战略的承载单位。二级流程是企业战略的进一步细分，将责任落实到岗位。一级流程即组织架构中的管理功能划分，也给二级流程的岗位设置提供了直接的依据。企业根据自己的规模或性质直接将管理功能后面加上“经理”“部长”“主管”“专员”，其岗位设置就和组织架构对应起来了。三级流程是企业主要事务工作权责的逻辑划分，什么岗位负主责，什么岗位配合、什么岗位参与一目了然。四级流程是企业各种常规工作的标准动作或配合规范。每一个三级流程都可以细分为多个四级流程，每一个四级流程都可以从三级流程图中找到它的来源。

企业一级、二级、三级、四级流程紧密联系，环环相扣，缺一不可。

本书对企业流程分级如何展开及管理作用、相互关系有具体说明。通读全书，你就会发现企业管理流程四级分类的巨大作用及其深远意义。

企业的所有工作都用流程图呈现出来，企业管理就可以像按图施工一样简单高效。

如果一家企业战略定位为外贸服务企业，那么它的一级流程（组织架构）就一定有“外贸管理”功能，二级流程（岗位设置）中就一定有外贸经理、报关员等岗位设置，三级流程就一定有“外贸管理流程”“海外物流管理流程”等，四级流程就一定有“出口业务拓展流程”“外贸订单确认流程”“港口发货流程”“船代公司选择流程”等。

企业的一级、二级、三级、四级流程如果用流程图呈现出来，只需要在后面加上“流程图”的“图”字即可。比如某企业组织架构图（一级流程图）、某企业岗位设置图（二级流程图）、某企业采购管理流程图（三级流程图）、公司月度例会流程图（四级流程图）。

现将一级、二级、三级、四级流程图举例如下。

企业一级流程图案例如图 1–1 所示。

企业二级流程图案例如图 1–2 所示。

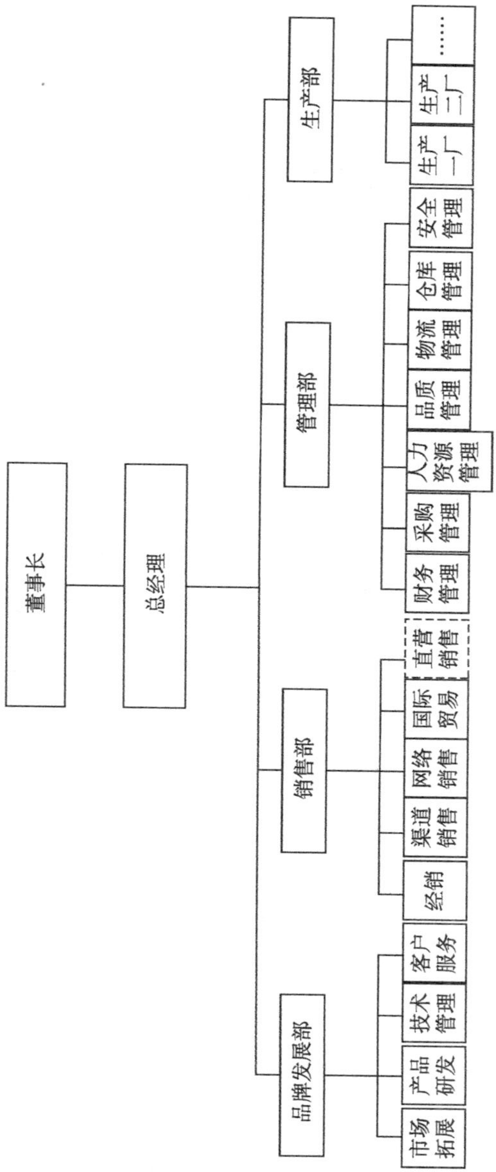

图1-1 某企业组织架构图

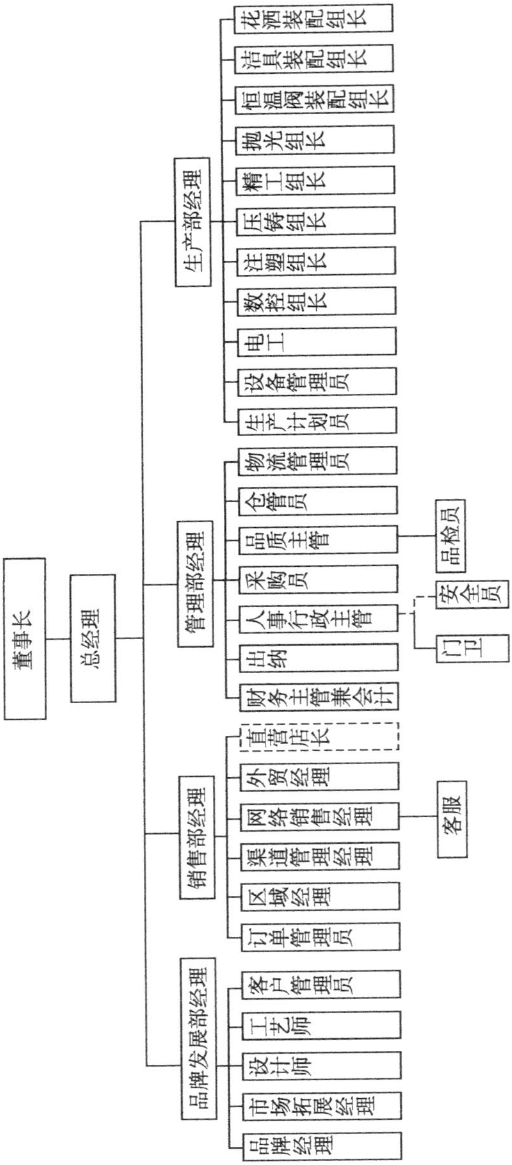

图1-2 某企业岗位设置图

企业三级流程图案例如图 1–3 所示。

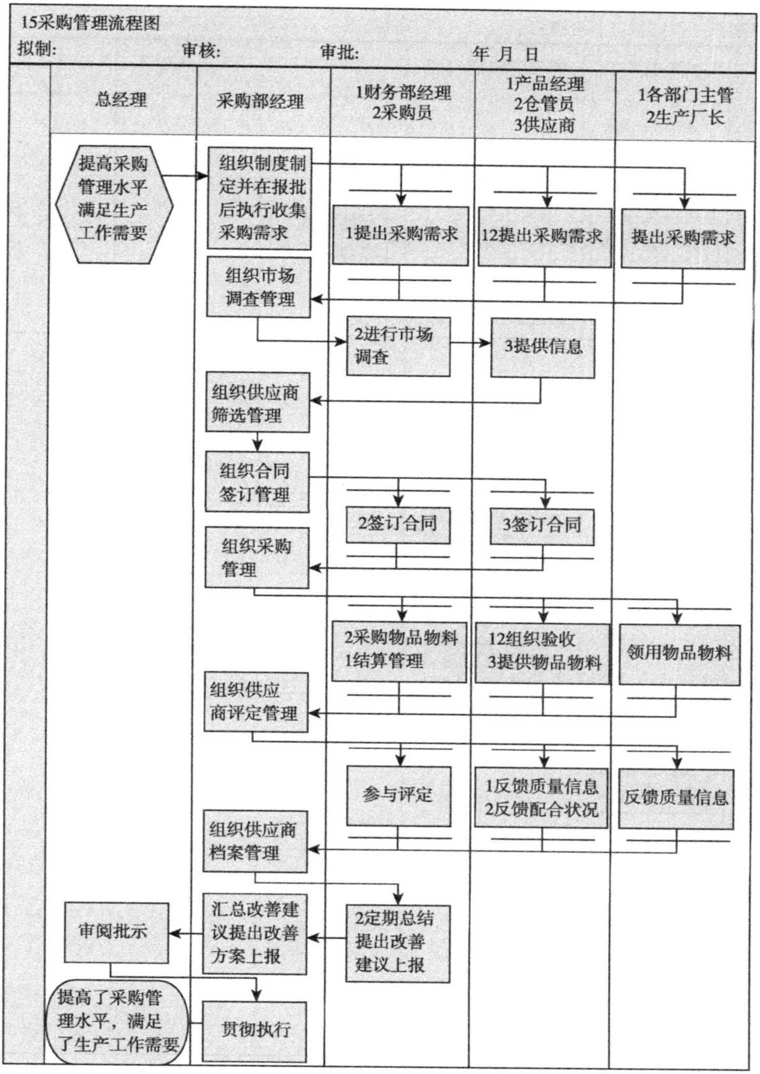

图 1–3　某企业采购管理流程图

企业四级流程图案例如图 1–4 所示。

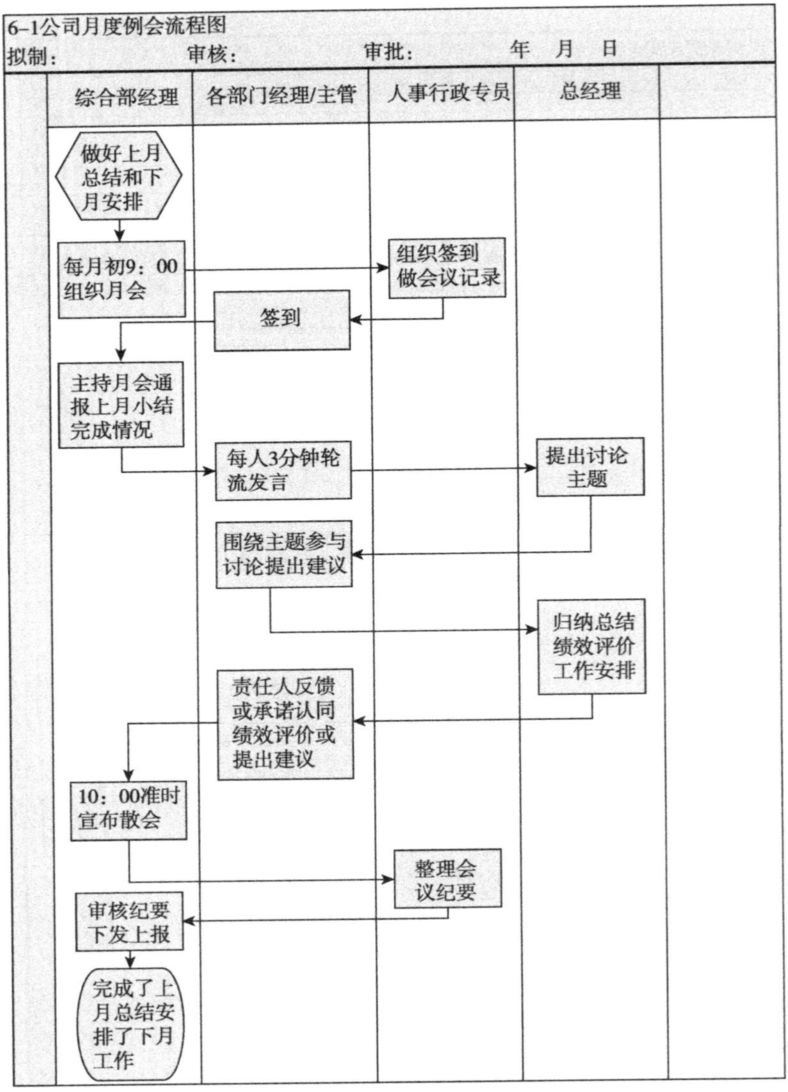

图 1–4　公司月度例会流程图

三、流程管理：修建企业内部高速公路

1. 为什么企业搞流程管理犹如修建内部高速公路

我们对比图 1–5、图 1–6。

图 1–5　乡间小路推车图

这两张图就是有无流程管理的生动写照。

没有流程管理的企业就像行进在泥泞的山村路上，走快是不可能的，走得慢是常态，走不动也时有，翻车也有可能。走不动，需要推车时，有人在使劲，有人在旁观，也不排除有人在装模作样。

图 1–6　高速公路行车图

走在乡村的土路上，除非有人带路，否则沿途要经常下车，问问方向、辨认岔路，走不快不说，还常常在半路上抛锚，举目四望，孤立无助的时候，像极了各自为政的企业管理现状。

没有流程管理的企业到处是泥泞，到处是坎坷甚至有陷阱，方向不明、目标不清，想走快没可能，走错路倒是常常遇到，半路抛锚还不能自行做主。这种混乱的状况不改变，低效甚至无效的活动重复上演，耗费精力、耗费时间，企业关门倒闭是迟早的事。

流程管理好的企业就像行进在高速公路上，所有人都可以按照既定目标高速前行。只要你遵守规则，就不会被设卡罚下。前行过程中，自己手握方向盘，牢牢把握主动权，沿途都是路标，不必时时问路（不必事事请示）。知道目的，方向正确，不受外来因素干扰，任何人开车都能到达目的地。是否到达目的地，自己也能判断，不必事事依靠他人（上级或专职人员）裁决。

实施流程管理的企业，人人拥有工作主动权（战略清晰、职责明确、计划到天到人），工作沟通、前后衔接一清二楚，责任岗位一目了然，常规工作犹如体育比赛的标准动作，员工上岗前只要稍作培训，就能准确理解，执行起来轻车熟路，效率自然很高。这就是我们把实施流程管理比作修建内部高速公路的原因。

企业要想摆脱低效运行的现状，就必须改革求新，自觉离开坑坑洼洼的老路，杜绝可以自由散漫行走的土路，建设人人都可以（遵章守纪）快速前行的内部高速公路。

2. 企业修建内部高速公路的时机选择

总有人问："什么时候是企业实施流程管理的最佳时机？"

很显然，回答这个问题要因企业而异，不同企业的最佳时机不同。

这些情况都是适宜导入流程管理的"时间窗口"：调整企业战略、增加新业务、扩大经营规模、批量增加用人、集中调整中高层管理人员、更换企业总经理、打算大规模调整员工薪酬、打算升级企业的信息系统、应对危机事件，以及上游企业提出要求。此外，新的一年开始，或企业新的财年开始，或企业成立周年纪念日，都是启动流程管理项目合适的时机。

企业修建内部高速公路越早越好，早修早受益，早建早提速。二十世纪八十年代有一句流行的口号：要想富，先修路。如果你想改变企业低效运行的窘况，想走出依赖老板个人作用导致“恶性循环”的死胡同，希望沟通快捷、工作高效，就尽快修建本企业的内部高速公路。相信，假以时日，你的企业也能走上快速发展的坦途。

从中国企业普遍存在的低效运行现状出发，凡是没有实施流程管理的企业马上开始就是最佳时机。

3. 企业如何修建内部高速公路

企业实施流程管理与修建高速公路有异曲同工之妙。先做总设计，再画施工图，实地勘测，现场画线，材料工具齐备，成立工程指挥部，组建施工队伍，计划周密，夯实基础，统一施工，“逢山开路，遇水填桥”，通力协作、夜以继日，战胜困难、攻克难关，把控施工质量，假以时日，一条康庄大道就会呈现在世人面前。

（1）先做总设计

确定企业流程管理总体战略，规划企业实施流程管理的总方针总目标，纳入员工阶段工作重点，或列入所有系统负责人的年度目标。

（2）夯实基础

夯实思想基础，组织企业全体员工进行流程管理理论观点学习，并清理企业习俗中不适应流程管理的观念或旧习。

夯实技术基础，组织企业骨干员工进行流程管理技术培训，让一部分人先行掌握流程优化设计的技术方法。

（3）成立项目组

成立企业流程管理项目组，即企业管理工程的指挥部。让企业负责人当组长，统一组织企业流程管理项目的设计，让企业管理变革顺利进行。

（4）统一工具

流程图呈现方式五花八门，流程图软件也不止一种。企业必须选择大家认可的工具，确保“书同文、车同轨”。规范本身就是效率的体现。

（5）组织流程设计

组织流程设计，从企业战略梳理开始，先设计企业组织架构（一级流程图）、再设计企业岗位设置（二级流程图），再统一组织拟订企业三级、四级流程目录，再据此把设计任务分解到具体的设计人员，把设计完成时间明确到具体日期，即统一流程设计计划，按进度进行流程优化设计工作。

（6）扫除障碍

设计流程图时，必须坚持专业的人做专业的事，必须突破传统束缚、部门束缚，扫除工作障碍、技术障碍、思想障碍、人员障碍，真正做到"逢山开路，遇水填桥"，确保流程设计不因"钉子户"而改道。

（7）把控质量

项目领导小组必须把控流程优化设计质量，定期听取汇报、检查进度、评审设计质量，坚持以"务实、独特、简洁、高效"为判断标准。堵塞照抄照搬之风，至少在设计上保证没有流程黑洞产生。

（8）项目验收

项目验收，进行流程评审是必要的，但仅仅只有评审通过还远远不够，还必须通过试运行检验。大家知道，高速公路、高铁建好之后，都有一个时期的空载驾驶（不载客）运行，以检验道路的安全性。

优化设计后的流程图试运行效果良好，时间缩短、效率提高、价值增加、员工满意，就表明企业内部高速公路修建完成，也就是企业流程管理导入项目取得了初步成功。

高速公路需要持续养护，企业流程也需要持续优化。企业运行不停，流程优化不止。

四、流程管理能给企业带来哪些好处

1. 流程管理的五省作用

· 为老板省心。

· 为主管省力。

· 为员工省怨。

· 为客户省事。

· 为企业省钱。

这五省作用是实施流程管理的企业员工和咨询专家共同总结得出的结论。

2. 流程管理让工作关系变得更简单

对企业负责人而言，不用担心有令不行、执行不力；

对中层干部而言，不用事事请示，不再受夹板气；

对基层员工而言，掌握了正确做事的方法，不用再背黑锅。

这是流程咨询专家回访多家实施流程管理企业的员工后得出的结论。

3. 流程管理带给基层员工的好处

清楚工作衔接，提高工作效率；
学习标兵方法，提高工作技能；
减少自我摸索，减少犯错机会；
工作职责清晰，不会再背黑锅；
只要高效工作，收入自然增多。
这是实施流程管理企业的员工的真实感受。

4. 实施流程管理给企业带来的显著改变

过去开会老生常谈，现在开会要言不烦；
过去下属错误常犯，现在下属错误不犯；
过去究责扯皮推诿，现在究责勇于承担；
过去有功争相邀宠，现在有功互推互让；
过去有过互相指责，现在有过不辩自明；
过去人才离职频繁，现在人才长期相伴；
过去出差电话不断，现在出差电话不响；

过去回家签字就烦，现在回家心情特爽。

这是部分实施流程管理取得成功的企业老板的切身感受。

5. 流程管理做好了能够帮助企业节省成本、提高效率

具体体现在以下 10 个方面：

理顺组织架构，消除机构重叠；

合理设置岗位，清除多余人员；

规范决策体系，实现权责对等；

岗位目标明确，减少无效劳动；

责任分解到人，减少扯皮推诿；

细节控制到位，减少铺张浪费；

统一做事方式，办事效率提高；

充分尊重顾客，保障利润来源；

扩大企业影响，增加社会美誉；

扩大产品市场，增强竞争能力。

这是流程管理专家的咨询实践总结。

6. 实施流程管理对企业的六个作用

第一，能够让企业组织发生化学反应。

流程管理就是让企业员工能够高度协同、目标一致、方向相同、方法一样（流程图就是企业或行业最优方法的集成），企业整体运行效率相比“各自为政”的传统管理大幅提高。“企业组织化学反应”是笔者借用篮球团队化学反应创造的管理词汇。篮球运动是团队项目，球队取胜的关键不是单个球星水平决定的，而是团队成员的最佳组合决定的。这种球队各个球员的能力和经验，以及性格方面的差异补强而使球队的团队配合产生的变化就叫化学反应。实施流程管理的企业带来的变化，充分证明了企业组织化学反应现象的存在。企业不需要增加人员，就可以因流程优化而提高工作效率。

流程管理让 1+1 ＞ 2 变成可能。流程管理的米格 25 效应非常明显，即整体优势大于个体优势之和。

第二，能够帮助企业降低能人离职带来的风险。

中小企业往往依赖少数能人，一旦能人离开，工作就会中断或受影响。如何避免能人离职带来的被动局面，流程管理可以起到未雨绸缪的作用。优化流程对于老员工、有经验的员工并不能立即受惠，对于新员工好处多多。能人之所以为能人，就是做事有经验、有方法。没有实施流程管理的企业，是没有办法沉淀能人的好做法、好经验的，能人走了，经验、方法往往随着他的离开而消失。如果企业实施流程管理，能人的经验、方法就可以以流程图的形式沉淀下来，并在企业内部流传。企业如果不实施流程管理，连请教能人的机会都没有，更没有形成流程图的机会。当能人突然辞职离开，企业一时找不到接替者，工作势必陷入被动。

第三，能够帮助企业用同样的员工创造更大的价值。

流程管理就是找到企业完成每项工作的最佳途径和最恰当的承担岗位。如果实施流程管理，把企业的主要工作都流程化——用流程图描述出来，让相关岗位的员工都能看到简单高效的做事方法，有能力的员工就可以一人多岗。这件事这样做是最简洁有效的，谁来做都按同样方式进行，不但有效率，而且犯错误的概率也会大大降低。比如小企业的广告策划、公关宣传、企业文化建设、客户接待等都不是常规工作，但又是每年必须做的工作，只要有人做过这样的工作，就要把他的做法沉淀下来，下次谁有空谁做，经验就可以让大家共享。一个员工可以处理多项工作，他为企业创造的价值就会更大。另外，流程优化之后，员工只做有价值的工作，工作效率自然提升。

第四，能够大大提高市场反应速度。

凡是市场称王的企业无一不是流程称王的企业。市场反应速度迟缓，不是市场消失，就是客流减少。市场竞争很大程度上是流程繁简的竞争。订单处理流程多，交期很难准时，交期缓慢，资金周转一定慢，竞争能力一定差。倒闭的企业无一不存在流程繁杂、反应迟缓的通病。

第五，能够规模复制，加快企业成长速度。

企业成长壮大了，即使是同一岗位也会招用多名员工，我们把最好的员工的做法沉淀下来，新员工到岗，只需要看懂老员工优化的流程图，马上就能上手工作，企业的复制能力就会增强。所有岗位都能如此，企业成长的脚步就快了。

这点在连锁企业体现得最明显。一个分店管理成熟后，再用同样的流程、同样的标准开分店就易如反掌。只要企业流程规范、标准健全，总部开分公司、工厂开分厂、部门扩大规模同样适用。

第六，能够帮助企业健康成长、少走弯路。

实施流程管理的企业一定会借鉴、学习同行的好经验、好做法，这样可以减少自己摸索的成本，甚至可以避免重复别人的错误，避免走弯路或者少走弯路，让企业健康成长、高质量发展。

简而言之，流程管理能够解脱老板、解救主管、解放员工，能够极大地调动企业全体员工的积极性和主动性。

企业成长有方法，公司运作有密码。掌握规律、把握趋势，企业就不会迷失方向，掌握先进的管理方法，企业经营就能事半功倍。

企业负责人如果想从纷繁复杂的事务工作中解脱，请从流程优化开始。

五、实施流程管理必须转变思维方式

1. 把“脸对老板，屁股对客户”改为“屁股对老板，脸对客户”

流程管理理论诞生之前，企业普遍的现象是员工“脸对老板，屁股对客户”。流程管理变革的显著标志则是“屁股对老板，脸对客户”。

华为既是目前中国做得最好的企业之一，也是流程管理做得最好的企业之一。“屁股对老板，脸对客户”在华为不仅是形式，也是文化。

前几年，网上疯传一张任总在虹桥机场排队打车的照片。有人求证华为员工：这是作秀还是常态？一位华为副董事长说：“这是常态，不仅任总如此，华为的其他高管也是如此。华为这样的做法，并不代表领导层的道德觉悟有多高，重要的是它体现了华为的价值观：客户重要还是领导重要？这是大是大非问题，关系到公司的胜败存亡。”

任总在华为多次发出警告：“我们上下弥漫着一种风气，崇尚领导比崇尚客户更厉害，管理团队的压力太大了，从上到下，关注领导超过关注客户，向上级汇报的胶片如此多姿多彩，领导一出差，安排如此精心、如此费心，他们还有多少心思用在客户身上？”

任总干脆下指令：“你们要脑袋对着客户，屁股对着领导。不要为了迎接领导，像疯子一样，从上到下地忙着做胶片……不要以为领导喜欢你就能升官了，这样下去我们的战斗力要被削弱的。”

在2010年的一次会议上，任总进一步指出：坚决提拔那些“眼睛盯着客户，屁股对着领导”的员工；坚决淘汰那些“眼睛盯着领导，屁股对着客户”的干部。前者是公司价值的创造者，后者是谋取个人私利的人。各级干部要有境界，下属屁股对着你，你可能不舒服，但必须善待他们。

华为成长壮大的秘密就是核心价值观："以客户为本，以奋斗者为本，长期坚持艰苦奋斗。"任总解释，华为超越竞争对手的全部秘密，就是华为从胜利走向更大胜利的"三个根本保障"。我们提出的"三个根本保障"并非先知先觉，而是公司以往发展实践的总结。这三个方面，也是个铁三角。有内在联系，而且互相支撑。以客户为中心是长期坚持艰苦奋斗的方向；艰苦奋斗是实现以客户为中心的手段和途径；以奋斗者为本是驱动长期坚持艰苦奋斗的活力源泉，是保持以客户为中心的内在动力。

以客户为中心是商业的本质，也是常识！但是短视或急功近利者总是容易忘记常识，以为企业的成功来自企业内部，来自聪明的老板，来自英明的领导，以至于"脸对老板（领导），屁股对客户"的现象比比皆是。或许是"当局者迷，旁观者清"，当客户远去，内部自吹自擂和耍把戏导致企业倒闭的时候，他们才真正认识到客户的重要性。但只有少数智者始终保持清醒的头脑，不被外界的吹捧或内部奉承麻痹，坚持客户至上，坚持让员工"脸对客户，屁股对老板"，坚决杜绝任何对客户的欺骗。

因此，笔者再三呼吁，实施流程管理必须转变三个观念：

（1）淡化权力意识，相信员工，员工就可以为企业创造奇迹。

（2）打破等级观念，承认员工是企业发展的主体，职务只是责任的不同。

（3）重视顾客至上，企业利润来自顾客的信任。没有顾客光顾的企业，只有死路一条。

企业的发展一刻也离不开客户的支持，客户的支持永远是企业成长的源头活水。

2. 改变思维方式，建立全员企业思维

实施流程管理，我们既要改变对企业的认知、对员工的认知、对流程的认知、对管理的认知，也要改变思维方式。不能孤立地看待企业、孤立地看待部门、孤立地看待资源、孤立地看待工作，必须把企业看成生命有机体，转变个体思维，建立企业思维。

在说什么是企业思维之前，我们先说说大多数企业员工的思维习惯。当遇到新工作或者新情况、新问题时，员工的心态常常是这样的：

企业又不是我的，我做好自己的工作就行了；

这件事不在我的职责范围内，不需要过问；

这是你们部门的事，找我干什么……

我们发现一个有趣的现象——不管员工用什么语言表达，其潜在逻辑都是“有事尽量不要找我”，没有一个人会从企业角度思考：

这件事应该什么岗位或者什么人负责？

假如这件事不及时处理会对企业产生什么影响？

如果你是企业负责人，应该怎样做呢？

也就是说，没有一个人是从企业角度考虑解决问题，都是从个人角度考虑如何规避责任。

那么，企业负责人是否具备了企业思维呢？也不尽然。把企业当自己的还不是企业思维？不是！企业是利益各方创造价值的组织平台。当老板把企业当作自己的，就会不自觉地排斥其他员工站在企业角度思考问题或解决问题。因为企业是我的，企业的一切都得听我的——有这种思想的老板大有人在！

企业思维是指企业成员在出现新情况、发现新问题时必须站在企业角度思考解决办法。

企业思维就是系统思考，是系统思考在企业管理中的具体运用。我们常常讲："企业要有全员质量意识、全员安全意识、全员危机意识，如果没有企业思维，全员意识如何建立？"

如果员工"各自为政"，那么扯皮推诿就会不断上演，管理真空就会经常产生。只有全员具备企业思维，懂得系统思考，当企业出现新情况、新问题时，员工会从企业角度思考解决办法，员工的协作配合就会增多。全员具备企业思维，市场反应速度会提高，解决问题的响应速度会提高，企业的执行力一定能够提高。

训练员工的企业思维，可以从导入流程管理入手，流程图也是思维导图的一种。用流程图规范工作，引导员工按流程操作，培养全员流程意识，对企业思维的建立大有裨益！

3. 改变认知，相信员工心中蕴藏着巨大的潜力

（1）了解冰山理论，人才不假外求

人们在海平面看到的冰山一角远远不是它的全部，因为巨大的冰山都隐藏在人眼看不见的海水下面。就像人的才能，你看到的只是冰山一角。科学研究表明，连爱因斯坦这样伟大的科学家，其大脑潜能也只是开发了 4%，普通人的大脑连 1% 的潜能都没有开发出来。

冰山理论被广泛运用于多个领域。冰山理论告诉我们：人的潜力无限，员工活力无限。充分挖掘员工的潜能，人才就会在企业内部成批涌现。

（2）改变以罚代管，快乐是生产力

以罚代管看似简单，其实成本高昂。处罚不仅不能让员工更敬业，反而会扼杀员工的潜能，还是多次“毁业”的导火索，给企业造成的直接损失巨大、间接损失更大。

2008 年有人统计，每年因员工不敬业和毁业带给美国 3000 亿美元的损失，带给日本 2000 亿美元的损失，带给新加坡 54 亿新元的损失。员工满意度达到 80% 的公司，平均利润增长率要高出同行业其他公司 20%。专家发现，受到员工好评的公司，其收益是市场平均水平的两倍以上。

因为信任，所以默契；因为信任，所以简单；因为信任，所以快乐。快乐可以实实在在提高生产力。

（3）运用皮格马利翁效应，激发员工的潜能

皮格马利翁是古希腊寓言中塞浦路斯国王的儿子，他酷爱雕塑。有一次，他雕刻了一位美女头像，对其爱不释手，不停地摩挲，希望美女复活。他的诚心感动了爱神雅典娜，雅典娜让雕像复活，与皮格马利翁结合，过上了甜蜜幸福的生活。

心理学家后来把这种现象称之皮格马利翁效应，也叫期望效应，意即工作成果会朝着自己期望的方向发展，或者说下属会按照上司期望的方向成长。

笔者对此深有感触。在不同的企业指导员工制作流程图时，笔者多次运用皮格马利翁效应，让电脑操作都不够熟练的员工成了流程优化的能手。

信任激发潜能，关怀产生力量。激发员工的工作热情，让其以快乐的心情工作，可以创造意想不到的奇迹。

（4）员工是珍珠，流程是线，改变观念更值钱

网上经常有人转载这样的笑话：草绳值不值钱，关键看你用它捆扎什么。如果你用它捆扎白菜，它就是白菜的价钱；如果你用它捆扎大闸蟹，它就是大闸蟹的价钱。这个笑话说的是放它的位置很重要。

一粒粒珍珠的价钱肯定比不上一条珍珠项链的价钱，使珍珠项链值钱的是把珍珠穿起来的线。

在企业，如果你把员工当珍珠，你只需要用流程这条线穿

起来，任何员工都可以价值倍增。比如一个员工原来报销要找五六个人签字，在寻找或等待签字的时间里，他没有为企业做任何事情、没有创造任何价值。但是他在上班！他在上班，企业就要支付报酬。现在流程优化了，报销不需要花费太多时间，节省的时间就可以更好地工作，或者做更多的事情。这个人并没有改变，改变的只是企业的流程。

流程一变，员工的价值就增加了，这也是流程管理作为组织改善技术的奥妙所在。

没有对员工的信任无法实施流程管理。希望所有的企业负责人改变观念，充分信任员工、关怀员工。激发员工的潜能，员工就能爆发出无穷的力量。员工的激情被点燃，企业就可以活力四射！

六、流程梳理、流程规划、流程设计与流程优化

介绍几个概念，什么是流程梳理、流程规划、流程设计、流程优化，以及它们之间的关系。方便读者把握本书后面几章的紧密联系，了解其逻辑关系。

（1）流程梳理

流程梳理是流程规划的前提，流程规划又是流程设计和流程优化的前提，流程优化是流程梳理的目的。流程梳理针对现状，流程规划、流程优化为了未来，流程设计是把流程规划变成流程图的唯一途径，流程设计立足现在、着眼未来。

流程梳理犹如照镜子或者做透视，相当于给企业管理做体检。全面检讨分析企业现有流程是否适应企业发展的需要、运行是否畅通、是否有效。流程梳理就是对企业管理现状的分析盘点，也被称之为流程分析。当然，流程设计得好不好、流程优化到不到位，也可以对其进行分析。这也是导入流程管理的前期工作多被称为流程梳理的原因。流程梳理做好了，能够发现很多问题，只要在工作中加以规避，就能减少企业浪费，提高工作效率。

（2）流程规划

流程规划是从流程管理的全新角度对企业运行进行全面规划，勾画企业战略通过一级、二级、三级、四级流程逐步分解到落地的逻辑演绎路径，全景展示企业流程图族谱，为流程设计奠定基础。

流程规划与流程梳理密不可分。流程规划的主要载体是企业流程设计总图，一级流程、二级流程作为企业流程运行的总框架，在梳理的同时又必须以图表形式呈现，否则无法细分三级流程和四级流程的框架结构。因此，流程梳理和流程规划起点有先后，但终点同步，即以呈现企业流程构架体系（流程目录）结束。

（3）流程设计

流程设计是在流程梳理的基础上按照流程规划的要求对企业运行流程进行系统设计和专业设计，统一设计格式、统一设计规范，把流程管理的新观念、新方法融入企业运行流程，是管理方式的重新设计。流程设计本身就有对现有流程的优化，只不过在把流程管理理论方法导入企业之初，按要求把流程图设计出来即可。而且设计流程图，是一个人也可以完成的工作，但流程优化是多人行为，并不是一个人能够独立完成的工作。流程设计为流程优化奠定了良好的基础，也让流程优化成为可能。因此，流程设计本质上也是流程优化的一部分，在企业实践中也无法截然分开。

（4）流程优化

流程优化是在企业现有流程的基础上进行组织优化，以达到全局效率最优。流程优化通常采用集体讨论方式，审核审批分别进行，而且必须组织具有广泛代表性的多名员工参加。流程优化旨在提高企业运行效率，减少运行成本，让流程创造更大的价值。流程优化也可以说是为了让流程规划更好地落地。

流程梳理、流程规划、流程设计、流程优化都是从大处展开、从小处落地。也就是说，流程梳理是梳理企业的全流程，检讨企业组织的整体运行；流程规划更是全局性规划，系统整理勾画出企业运行的全流程谱（即流程目录）；流程设计是对企业整体运行的所有流程进行设计；流程优化也要对企业所有流程进行优化。但企业在梳理、设计、优化流程的过程中，却又必须盯着一个又一个具体的流程去分析、设计和优化。当然，之前要统筹安排、统一组织，最后要系统整合，使之形成一个有机的整体。

我们换个角度表述，从技术层面讲，流程管理是组织改善技术，那么流程梳理、流程规划、流程设计、流程优化都是组织管理技术，对于参与企业流程管理项目的员工而言，又成为必须掌握的方法，即流程梳理方法、流程规划方法、流程设计方法、流程优化方法。因此，四者在实践中要分得清，但分不开。广义的流程优化包括以上全部内容。因此，流程管理在很大程度上就是流程优化。

第二章

做好企业流程规划，设计流程运行总图

一、梳理现有流程，为企业运行把脉

本章从企业组织整体角度讲流程梳理方法和流程规划方法，第三章讲流程设计方法，第四章讲流程优化方法。举例说明的是单一流程的梳理方法、设计方法或优化方法。

1. 如何梳理企业流程

流程梳理从清晰战略开始，接着梳理企业组织架构、梳理岗位设置，进而梳理企业基本事务工作及其管理职责的逻辑划分，最后梳理企业具体工作的种类并分析其工作方式的利弊。着重盘点企业有没有机构重叠或者空缺；有没有岗位虚设或者岗位空缺；有没有长期解不开的死结；有没有制约企业运行的瓶颈。同时，检讨有哪些好的做法、好的经验值得推广运用；检讨有哪些不好的做法阻碍企业正常运行，要重点防范或重点改善。

从管理的角度讲，企业管理上出现的问题 80% 是流程有问题，却不是人们通常认为的员工有问题。有的事情要经常拿到会上解决或经常为它吵架，一定是一级流程出了问题，该有的部门没有设。有的事情经常临时找人做，一定是二级流程有问题，该有的岗位没有设。机构有重叠、岗位有空白，或者机构有缺失、岗位有交叉，那么流程运行一定不畅。有的员工经常没事干，有的员工忙得不可开交，也一定是二级流程有问题，即岗位设置不合理。有的工作麻烦，谁也不想接手，那一定是三级流程有问题。当然，四级流程出问题最多，因为企业的四级流程最多，并且都是做事的流程，出现问题就能判断出来。

但是，大家不要以为一二级流程只出几个问题，没什么可怕的。实话告诉大家，一二级流程出问题，哪怕是 1 个问题也远比四级流程出 10 个问题严重得多。企业组织架构和岗位设置设计不好，各部门间员工吵架就不可避免，或者企业的某一项或某几项工作根本没人管。一二级流程出问题，影响的是企业全局，其不良影响并不只是一次、两次，或者说其不良影响不只是一天、两天，而是长期的，除非企业调整组织架构和岗位设置。三级流程出问题，必然导致扯皮推诿或责任真空。四级流程出问题，影响可能就是一人或一次，并且能够快速发现或纠偏。

2. 企业流程运行现状自我诊断

第一步，企业流程运行诊断就是从企业战略高度进行的分析诊断。其中，所附的《企业运行主项缺失自我检查诊断表》

应该组织员工特别是各级主管认真填写，每个员工独立填写，然后由专人进行分类汇总，最后组织集体分析，形成本企业的诊断结论。这个诊断结论应该能够看出企业组织架构和岗位设置的问题所在。

某个选项得分低于 3 分，即可判定为该项缺失；企业运行主项缺失在 1~3 项，可以进行自我修复；企业运行主项缺失在 4 项以上的，应该寻找企业管理专家诊疗。

附 1：《企业运行主项缺失自我检查诊断表》

表 2–1 《企业运行主项缺失自我检查诊断表》（张国祥老师拟订）

序号	企业运行主项	特征分析（从 A 到 E 由低到高，分别对应企业管理水平达到的程度，分别记 1~5 分，请在你认为最恰当的选项括号内打钩，只能选择一项）	得分	结论
1	企业战略管理	A 企业没有人能说清楚（ ） B 企业有人能说出来（ ） C 企业已用文字发布（ ） D 企业员工都能记住（ ） E 企业合作伙伴与客户知晓（ ）		
2	企业客户管理	A 能说出企业客户种类（ ） B 客户信息登记在册（ ） C 实行客户分类管理（ ） D 长期客户居多（ ） E 老客户主动介绍新客户，并帮助宣传企业（ ）		

续表

序号	企业运行主项	特征分析（从A到E由低到高，分别对应企业管理水平达到的程度，分别记1~5分，请在你认为最恰当的选项括号内打钩，只能选择一项）	得分	结论
3	企业决策管理	A 老板一人说了算（　　） B 少数几个人说了算（　　） C 有决策分工文字记录（　　） D 有决策分类表格（　　） E 有决策分类管理体系文件（　　）		
4	企业组织管理	A 没有组织架构图（　　） B 组织架构与岗位设置及任职姓名在一张图上（　　） C 组织架构与岗位设置分设（　　） D 有明确的权责划分（　　） E 实行全员竞聘上岗（　　）		
5	企业计划管理	A 没有年度目标分解（　　） B 有年度计划（　　） C 有年度计划、月度计划及专项计划（　　） D 有计划有总结有奖惩（　　） E 建立了企业计划管理体系（　　）		
6	企业制度管理	A 没有制度（　　） B 有制度，但中高层管理者带头破坏（　　） C 制度出自各个部门，没有统一管理（　　） D 制度都有，但以处罚为主要管理手段（　　） E 制度健全且能够执行（　　）		
7	企业流程管理	A 没有人重视流程（　　）		

续表

序号	企业运行主项	特征分析（从 A 到 E 由低到高，分别对应企业管理水平达到的程度，分别记 1~5 分，请在你认为最恰当的选项括号内打钩，只能选择一项）	得分	结论
7	企业流程管理	B 仅仅把需要签字把关的工作当作流程（　　） C 有流程，执行因人而异（　　） D 只有少数人重视流程，并在有限的范围内做了优化（　　） E 全员重视流程管理，并进行了系统优化（　　）		
8	企业激励机制	A 平时只有处罚（　　） B 年度红包是唯一的奖励（　　） C 企业设置了一些奖励，但都是主管领导评选出来的（　　） D 有事先确定的奖励标准或奖励制度（　　） E 薪酬公开透明且与绩效挂钩，成为企业激励机制的基石（　　）		
9	企业团队建设	A 只有团伙（　　） B 企业号召员工树立团队意识（　　） C 企业主动打击破坏团队合作的人和行为（　　） D 企业已有先进单位形成了团队（　　） E 企业整体形成了良好的团队，并且有团队精神传承（　　）		
10	企业文化建设	A 漠视企业文化（　　） B 仅有几句口号（　　） C 进行过企业文化梳理（　　） D 已提炼出企业价值观念体系并被员工知晓（　　）		

续表

序号	企业运行主项	特征分析（从 A 到 E 由低到高，分别对应企业管理水平达到的程度，分别记 1~5 分，请在你认为最恰当的选项括号内打钩，只能选择一项）	得分	结论
10	企业文化建设	E 企业文化成为约束员工行为的最高准则（　　）		
11	企业品牌管理	A 没有企业品牌（　　） B 计划打造企业品牌（　　） C 已经建立企业品牌（　　） D 企业品牌在行业或区域形成口碑（　　） E 企业员工像爱护自己的眼睛一样爱护企业品牌（　　）		
12	企业创新管理	A 只有模仿（　　） B 只有少数人搞创新（　　） C 企业年年有技术创新（　　） D 企业有创新成果获得认证或奖励（　　） E 企业管理创新与技术创新比翼双飞（　　）		

第二步，组织各级主管填写分管工作事务类别及管理状况自我评价（见附表 2–2《分管工作事务类别及管理状况自我评价表》）。目的就是捋一捋企业目前都在做哪些事，都是什么岗位在管，最后分类列表汇总，统计出企业运行的主要事务工作排列表（见附表 2–3《企业运行主要事务工作排列表》）。借此机会，好好归纳总结，孰先孰后要分清。

第三步，再组织主管对照前面整理的《企业运行主项缺失自我检查诊断表》，就能清楚地知道企业目前还有哪些事务工作没有人管，也能清楚地知道目前企业有人管的事务工作管理水平如何。接下来就可以思考企业目前没人管的事务工作应该给什么岗位管。

第四步，进一步检查诊断具体流程的运行状况。先让各主管对分管工作流程运行情况进行自我检查诊断，然后统一汇总讨论，形成《企业现有流程运行状况自我诊断表》。

由于流程具有企业特色，即使是同一流程在不同的企业沉淀出的也是不同的运行状况。故此，笔者无法提供一张企业流程全名表，只能提供参考样板（详见本章企业流程目录参考案例），各企业可自行补充、自行增减流程名称和流程数量。

附 2:《分管工作事务类别及管理状况自我评价表》

表 2–2《分管工作事务类别及管理状况自我评价表》（张国祥老师拟订）

填表人：　　岗位名称：　　上级主管岗位名称：

序号	分管事务工作类别	管理权限	管理状况	结论
1				
2				
3				
4				
5				

续表

序号	分管事务工作类别	管理权限	管理状况	结论
6				
7				
8				
9				

填写说明：

1. 分管事务工作类别，是一级流程（组织架构）中的管理功能，不是具体活动，如负责生产计划管理是工作类别，传递计划表、填写计划单就不是事务工作类别，仅是一个动作。负责员工招聘管理是工作类别，填写招聘计划、发布招聘广告、接收求职资料就不是事务工作类别，仅仅是招聘管理工作的具体活动。

2. 管理权限分别为：A 独立负责、B 需请示一个上级、C 需请示多个上级（包含 2 个）。

3. 管理状况只做简单判断：A 运行有序、B 偶尔被干扰（上级 / 同级主管 / 下属——可以单选或全选）、C 经常被干扰（上级 / 同级主管 / 下属——可以单选或全选）、D 接近瘫痪状态、E 完全失控（A B C D E 只能单选填写）。

4. 如果分管工作过多，请自动增加表格列；如果分管工作少，仅填写分管的几项即可。

附 3：《企业运行主要事务工作排列表》

表 2–3　《企业运行主要事务工作排列表》（张国祥老师拟订）

序号	企业运行主要事务工作名称	有无专人负责	现在负责岗位	应该负责岗位
1				
2				
3				
4				
5				
6				
7				
8				
9				
10				
……				

填写说明：

1. 主要事务工作名称就是表 2–2 中的“分管事务工作类别”。如有可能，主要事务工作排列最好按逻辑关系排列，如按人、财、物分类，或者按产、供、销分类排列。

2. 有无专人负责，只需要填写“有”或“无”。

3. 现在负责岗位对应前面的“有无专人负责”，有专人负责就填写，无专人负责不填写，当然目前有两个人同时在管，就写出两个岗位名称（注意不要写人名）。

4. 应该负责岗位针对无专人负责情况填写，只能写岗位名称，不要写人名。

附 4：《企业现有流程运行状况自我诊断表》（以生产型企业为主）

表 2–4 《企业现有流程运行状况自我诊断表》（张国祥老师拟订）

序号	流程名称	特征分析（肯定记 1 分，否定记 0 分）	得分	结论
1	采购管理流程	A 市调流程（　　） B 采购计划（　　） C 专人跟踪订单（　　） D 非采购员对账（　　） E 供应商分类（　　）		
2	招聘管理流程	A 需求确认（　　） B 计划招聘（　　） C 权责分类（　　） D 简历归档（　　） E 入职比例超过 80%（　　）		
3	培训管理流程	A 需求确认（　　） B 计划培训（　　） C 培训考试（　　） D 奖励优秀（　　） E 成果转化（　　）		

续表

序号	流程名称	特征分析（肯定记 1 分，否定记 0 分）	得分	结论
4	决策管理流程	A 收集信息（ ） B 方案备选（ ） C 组织论证（ ） D 优劣清晰（ ） E 分类拍板（ ）		
5	会议管理流程	A 例会定时（ ） B 发言定序（ ） C 记录定格（ ） D 重点分明（ ） E 无老生常谈（ ）		
6	安全管理流程	A 教材成文（ ） B 人人受训（ ） C 逃生演练（ ） D 重点部位责任到人（ ） E 违章必纠（ ）		
7	订单管理流程	A 统一归口（ ） B 提前下单（ ） C 消灭插单（ ） D 专人跟踪（ ） E 交期准时（ ）		
8	生产计划流程	A 按单计划（ ） B 一月一次（ ） C 可生成物料计划（ ） D 各线均衡（ ） E 无前松后紧（ ）		
9	车间作业管理	A 到料准时（ ） B 计划到班（ ） C 人机匹配（ ） D 物随工艺卡走（ ） E 无窝工（ ）		

续表

序号	流程名称	特征分析（肯定记 1 分，否定记 0 分）	得分	结论
10	5S 管理流程	A 看板日清日新（　　） B 物料定位（　　） C 产成品分类（　　） D 通道顺畅（　　） E 违章必纠（　　）		
11	仓储管理流程	A 计划收料（　　） B 计划发料（　　） C 标识清楚齐全（　　） D 安全库存（　　） E 物料去向跟踪（　　）		
12	物流管理流程	A 计划装车（　　） B 提前告知收货人（　　） C 司机签约（　　） D 货到反馈（　　） E 单据归档（　　）		
13	客户管理流程	A 收集信息（　　） B 客户分类（　　） C 定期联络（　　） D 大客户单独建档（　　） E 客户联谊会（　　）		
14	投诉管理流程	A 投诉热线（　　） B 当日回复（　　） C 一线员工处理（　　） D 同类投诉逐渐减少（　　） E 无层层报告（　　）		
15	生产设备管理	A 设备建档（　　） B 责任到人（　　） C 交班记录（　　） D 按计划维修（　　） E 操作规程可视化（　　）		

续表

序号	流程名称	特征分析（肯定记 1 分，否定记 0 分）	得分	结论
16	盘点管理流程	A 统一组织（　　） B 每月盘点（　　） C 盘点前培训（　　） D 盈亏究责（　　） E 有个人领用物品盘点（　　）		
17	生产质量管理流程	A 首件三检（　　） B 制程抽检（　　） C 成品全检（　　） D 品管独立生产之外（　　） E 有质量奖惩制度（　　）		
18	工艺管理流程	A 有工艺标准（　　） B 工艺图纸无随意更改（　　） C 按工艺图生产（　　） D 有用料标准（　　） E 有生产定额（　　）		
19	市场开发管理流程	A 市场调研（　　） B 论证方案（　　） C 投入预算（　　） D 风险可控（　　） E 产品与市场匹配（　　）		
20	渠道开发管理流程	A 有准入门槛（　　） B 统一标准（　　） C 统一支持（　　） D 统一终端（　　） E 违规处罚（　　）		
21	售后服务管理流程	A 服务热线（　　） B 有问必答（　　） C 服务标准健全（　　） D 无推诿事件（　　） E 服务记录归档（　　）		

续表

序号	流程名称	特征分析（肯定记 1 分，否定记 0 分）	得分	结论
22	广告设计管理流程	A 主题确认（　　） B 创意收集（　　） C 效果论证（　　） D 制作分类（　　） E 效果跟踪（　　）		
23	品牌管理流程	A 专岗负责（　　） B 全员培训（　　） C 宣传预算（　　） D 品牌管理制度（　　） E 损害品牌追究责任（　　）		
24	危机管理流程	A 专岗负责（　　） B 全员培训（　　） C 主要危机防范预案（　　） D 应急小组（　　） E 新闻发言人（　　）		
25	资产管理流程	A 分类建档（　　） B 责任到人（　　） C 购置预算（　　） D 报废审批（　　） E 半年盘点（　　）		
26	开店管理流程	A 选址论证（　　） B 产权清晰（　　） C 商圈属性定位（　　） D 装修标准统一（　　） E 先培训员工再开业（　　）		
27	项目管理流程	A 立项论证（　　） B 目标清晰（　　） C 人员到位（　　） D 进度公开（　　） E 验收建档（　　）		

续表

序号	流程名称	特征分析（肯定记 1 分，否定记 0 分）	得分	结论
28	厂内基建管理流程	A 立项审批（　　） B 费用公开（　　） C 过程控制（　　） D 验收决算（　　） E 资料建档（　　）		
29	工作保障管理流程	A 标准配置（　　） B 主动发放（　　） C 建立个人台账（　　） D 易耗品集中申领（　　） E 耐用品换岗移交（　　）		
30	生活保障管理流程	A 标准配置（　　） B 主动发放（　　） C 安全可靠无事故（　　） D 投诉处理当天回复（　　） E 用餐方便（　　）		
31	车队管理流程	A 专岗派车（　　） B 统一调配（　　） C 安全驾驶（　　） D 安全乘车（　　） E 派车、行车记录齐全（　　）		
32	接待管理流程	A 有接待标准（　　） B 有优惠酒店（　　） C 有优惠订票点（　　） D 有自制招待餐的能力和餐厅（　　） E 有礼仪准则（　　）		
33	信息管理流程	A 分类收集（　　） B 信息共享（　　） C 重大信息论证（　　） D 信息奖励制度（　　） E 服务决策（　　）		

续表

序号	流程名称	特征分析（肯定记1分，否定记0分）	得分	结论
34	制度管理流程	A 归口部门拟稿（　　） B 方案讨论（　　） C 上下认同（　　） D 权责分明（　　） E 有生效废止规定（　　）		
35	愿景管理流程	A 企业愿景可视化（　　） B 个人愿景归档（　　） C 实现愿景有奖（　　） D 愿景有激励作用（　　） E 有职业生涯规划（　　）		
36	人才梯队管理流程	A 人才规划（　　） B 人才分类（　　） C 人才培养计划（　　） D 人才竞岗（　　） E 末位淘汰（　　）		
37	合理化建议管理流程	A 专人管理（　　） B 上达高层（　　） C 建议有奖（　　） D 跟踪实施（　　） E 效果显著（　　）		
38	团队建设管理流程	A 有制度安排（　　） B 有经费支持（　　） C 有活动记录（　　） D 有活动场所（　　） E 有宣传载体（　　）		
39	情感情绪管理流程	A 有归口岗位（　　） B 有投诉热线（　　） C 有问必答（　　） D 有定期讲座（　　） E 有心理危机干预措施（　　）		

续表

序号	流程名称	特征分析（肯定记 1 分，否定记 0 分）	得分	结论
40	架构岗位调整流程	A 架构调整有论证（　　） B 岗位增加有讨论（　　） C 先有职责后设岗（　　） D 调整正式发文（　　） E 岗位正式任命（　　）		
得分说明		单项得分超过 3 分（含 3 分）可暂时保持现状，低于 3 分必须进行优化。总分低于 100 分必须进行全面优化。满分为 200 分		

二、诊断分析汇总，制定流程改善策略

企业运行流程现状诊断是一项复杂的工作，不少人寄希望于各种诊断工具，希望通过诊断工具帮助企业快速找到问题产生的原因、给出解决办法。

诊断工具只能给你诊断的方向或思路，但绝不会代替你做诊断。企业诊断最好的帮手就是企业员工。

我们和企业员工一起，把发现的问题归类，再对问题产生的原因进行分析，在此基础上逐一探讨解决策略。最后按照企业运行的内在规律进行排序，做出时间规划。这样，企业流程

改善策略与改善规划就制定出来了。

有了流程改善规划，做好前期准备工作，完成流程目录梳理，建立企业流程框架体系，就可以制订企业流程管理项目导入实施计划了。

下面对企业运行流程诊断步骤做一个具体介绍。

1. 发现问题归类

在诊断过程中，企业员工各自站在不同的角度，提出的问题一定是五花八门的，这就需要归类。

比如甲反映报销麻烦，好不容易签完字，最后会计说票据粘贴不对，把签字页撕了，要重新粘贴。乙反映自己不能报销餐费发票，凭什么李四能报？丙反映自己报销要找四五个人签字，张三却直接找总经理签字就能报销。丁反映出差时间长，跨月报销不了上月的车票。这些现象归类就是报销不规范。

采购员反映按生产经理的要求买的材料，品质经理不同意使用，问题反馈给总经理，总经理指示让技术部经理决定。技术部经理迟迟不做决定，材料入不了库，不知道能不能退货。这种情况可以列入“扯皮推诿”，也可以列入“决策缓慢”。

将员工反映的问题分类，排除偶发事件，按问题影响大小依次填入《企业流程改善策略与规划》中的“企业运行存在的问题”栏。

企业常见的问题还有：计划混乱、没有预算、付款拖延、决策一人拍板、会议成堆、通知成堆、扯皮推诿、多头请示、超级指挥、签字太多负责任的太少；奖惩不公、处罚太多、老实人吃亏、形式主义成风、欺上瞒下、打击报复；生产计划与销售订单脱节，资金计划与采购计划脱节，企业培训与人才发展规划脱节、工资发放与员工绩效脱节等。

附 5：《企业流程改善策略与规划》（表格版）

表 2-5 《企业流程改善策略与规划》（表格版）（张国祥老师拟订）

序号	企业运行存在的问题	原因分析	改善策略	时间规划
1				
2				
3				
4				
5				
6				
7				
8				
9				
10				

2. 问题原因分析

针对企业运行存在的问题，一一分析原因。

“报销不规范”产生的原因可能是：没有报销制度、没有报销标准、没有报销流程，或没有执行报销制度、看人下菜碟。必须根据企业的实际情况进行分析，如实填写（下同）。

“扯皮推诿”产生的原因可能是：部门经理互不买账、没有质量检验标准、有制度但执行看人说话、权责不明。

“决策缓慢”产生的原因是：没有决策分类、老板一人说了算、部门经理不敢负责、权责不明。

“会议成堆”产生的原因可能是：朝令夕改、群体推卸责任、没有跟踪会议决议、会议没有形成决议（没有效果），没有管理制度、没有标准或流程、没有例外处理机制、没有称职的干部队伍。

“签字太多负责任的太少”产生的原因可能是：没有制度、没有标准、没有流程图、没有权责分类。

“生产计划与销售订单脱节，资金计划与采购计划脱节”产生的原因可能是：老板一人决策、没有计划统筹部门、没有专人负责企业综合计划、组织架构和岗位设置缺失、企业资金缺乏或付款流程不规范。

“老板一人拍板”产生的原因可能是：干部不负责任、干部能力差、组织架构和岗位设置缺失、没有决策分类等。

分析问题产生的原因之后，将问题产生的主要原因一一填写在《企业流程改善策略与规划》中的“原因分析”栏，不必填写所有可能的原因，只能填写本企业产生的原因。

3. 制定改善策略

“改善策略”与前面的“企业运行存在的问题”和“原因分析”一一对应。这就是对症下药。

解决“老板一人拍板”的策略必须针对本企业产生的原因来制定。如“干部不负责任”的策略就是换掉不称职的干部或通过竞聘选拔称职的干部；“干部能力差”采取的策略是调整干部和加强干部能力培养双管齐下；如果组织架构和岗位设置缺失就调整完善组织架构和岗位设置；如果没有决策分类则建立企业决策分类体系。

解决“企业计划脱节”的问题应该调整企业组织架构，增设计划统筹部门，增设专门岗位负责企业综合计划，即需要调整企业一级、二级流程。

解决扯皮推诿、权责不明的问题，必须完善企业制度、优化运行流程、建立岗位工作标准。

总之，对企业运行存在的主要问题，凡是涉及广、影响大的都必须一一分析原因、制定改善策略，然后填写在《企业流程改善策略与规划》中的“改善策略”栏。

4. 定出时间规划

所有“改善策略”都要落实在时间上，定出时间规划，限时解决。比如“决策分类”需要两周完成、三周完成或一个月完成，不同类型不同规模的企业所需时间是不一样的。这里必须根据企业实际情况规划一个完成时间；“调整完善企业运行一级流程（组织架构）”需要一周、“调整完善企业运行二级流程”（岗位设置）需要两周；“建立企业决策分类体系”需要两周等。

将时间规划全部填写在《企业流程改善策略与规划》中的“时间规划”栏，企业流程改善规划就基本完成了。诊断阶段无法制订具体的行动计划，具体计划等确定流程框架，即有了企业运行流程整体目录之后才能制订(具体计划必须责任到人、任务到天）。

三、细分战略，梳理调整企业组织架构

企业组织是指企业为分解战略目标，保证战略执行而进行的人力资源配置设计，其结果表现为企业的组织架构和岗位设

置。组织架构与岗位设置密切相关，是企业战略承载的第一级和第二级管道，也是企业组织运行的一级流程和二级流程。

将企业战略细分，确定战略承载单位、划分管理单位，将企业应有的管理功能细分完毕，企业的组织架构就有了轮廓，如果用流程图呈现，那就是企业的一级流程。战略决定组织架构形式由此而来，人们通常称之为组织架构设计。

组织架构空白或新办企业需要进行组织架构设计，正在运行中的企业只能是组织架构调整。不论是设计还是调整组织架构，其原理是相同的，即分解企业战略。

那么，正在运行的企业调整组织架构，只能根据问题诊断与改善策略去调整，必须抛开人的因素，只能着眼战略落地，不能因人设庙。

比如根据企业计划混乱采取统一管理的策略，就应该增设计划管理处，履行企业目标分解功能、企业计划制订功能、计划执行管理功能、计划达成评价功能，不能因为关系户的儿子学的计划管理专业就增设一个部门，或为了安排下岗分流的厂长增设一个部门。

组织架构如何从战略细分而来，举一个例子说明，相信大家能够很快明白。

2016 年 3 月，北方一位多家公司的老板邀请笔者为其做流程梳理与流程优化指导。

我们经过梳理发现，他管理的企业有 29 家之多，已经形成多业态的综合管理集团。但集团有实无名，一直是母体公司在代管这些企业，母体公司的高管忙得不可开交，用疲于奔命来形容都不过分。不仅母体公司的几位高管忙，母体公司的管理部门员工也要参与不同业态的分 / 子公司管理。名不正，言不顺，上上下下怨声载道。

经过三天的梳理分析，笔者主导，企业高管和部分中层骨干参与讨论，厘清了集团的战略定位，确定了集团的管理重点，理顺了集团与各分 / 子公司之间的关系。最后以企业集团组织架构图（如图 2-1 所示）及配套的集团岗位设置图呈现。

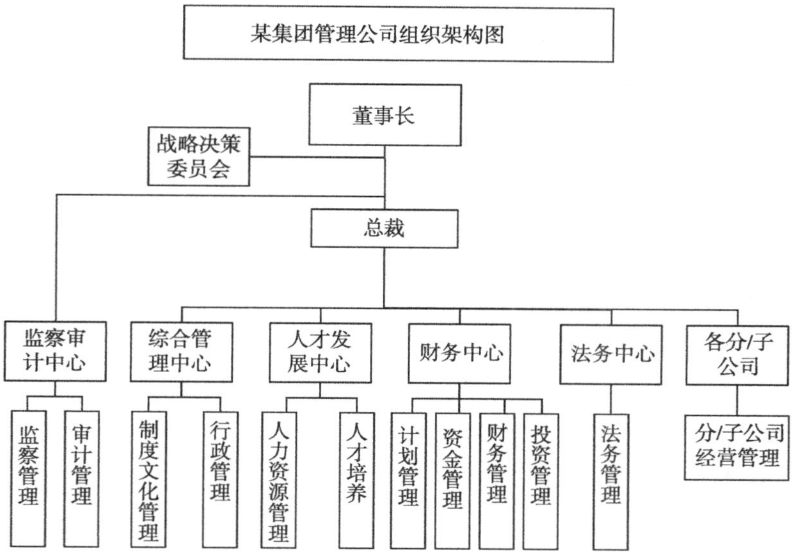

图 2-1　某集团管理公司组织架构图

梳理企业一级流程说简单，也真够简单的，就是分解企业战略，划分单位、部门，界定管理功能，然后用组织架构图呈现出来。

企业的一级流程有多少，因企业规模、业务种类决定。单一业务的企业就一个一级流程图，多业务多分 / 子公司的企业就有多个一级流程图。上面这家企业，可以细分 29 个一级流程图（每家分 / 子公司都有组织架构图）。

运行多年的企业应该都有组织架构图，但可能因人而设居多，或者早几年设置的，现在企业规模变大了，组织架构却没有与时俱进，显得不合时宜。上面这种多业态并存的企业就是快速发展导致的组织架构缺失。

在企业成长过程中，组织架构调整虽然不是常态工作，但也绝不是一劳永逸、一成不变的。企业遇到以下情况都需要调整组织架构：调整战略、扩大规模、增加市场份额、增加新的产品、增加新的服务，或者缩小产品战线、调整销售渠道、改变代理方式，或者改变管理模式、上线管理软件、引进新设备新技术等。

组织架构图与人无关。有能力的人可以在多家公司任职，有本事的老板可以是多家公司的董事长。

组织架构图与人无关，但是设计得好坏，却影响企业中任职人员的工作效果。

2011 年 6 月，笔者在某市为香港地区某化工集团的 30 多名分公司总经理讲授流程管理课程。在现场答疑环节，有学员提出一个问题。

他说："在集团范围，多个业务部门人员向生产企业下单，另外有3名股东副总（都是分公司总经理的老板）经常插单，造成生产计划被打乱，应该如何在流程上进行简化以实现合理计划、均衡生产？”

提问引起全场学员的共鸣。在场多数学员都领教过各个副总不讲理的要求：我的单子必须优先安排，或者必须马上安排，根本没有讨价还价的余地。

“这个问题不是人的问题！”笔者并没有马上回答，而是问了一个问题，“你们还记得企业管理流程四级分类吗？”

和人没有关系，难道与组织架构和岗位设置有关系？

是的，如果不从组织架构上进行调整，设立一个业务计划统筹部门，安排专人汇总订单、统一向各生产企业下单，企业就永远不能解决多人下单、生产顾此失彼的问题。员工也永远摆脱不了被老板骂的尴尬状况。

四、明确战略承载单位，梳理调整企业二级流程

二级流程的主要作用是为战略落地找到各系统责任主体。通俗地讲，就是设定各部门、各单位的责任岗位名称。毫无疑问，一个系统的工作，因企业性质、规模不同，部门就有大小

之分，达成系统目标的岗位人数就有多少之分。比如以生产为主的企业，生产系统的岗位数就多；以贸易为主的企业，销售系统的岗位数就多；而代加工企业，基本上不设研发岗位。

完成一级流程梳理与设计后，我们只需要把一级流程中的各管理功能划分给不同的岗位承担即可。根据行业性质、企业规模，加上“经理”或“部长”“处长”“主任”“专员”即可。按照企业管理流程四级分类方法，你会发现设计二级流程很简单。

但是，调整二级流程即调整岗位设置就不简单了，因为你会被现有岗位担任的人员困扰。你会纠结这个部门给谁管，那个岗位让谁做。

因人设岗太麻烦，组织架构与人无关，岗位设置也与人无关。

组织架构图和岗位设置图应该分开，便于未来优化，人名千万不要出现在组织架构图和岗位设置图中。“铁打的营盘，流水的兵。”组织机构至少一年内是相对固定的，人员则在年中就可能变化。

企业运行先有战略，战略决定组织架构，也决定岗位设置，有了组织架构、岗位设置，才开始招人用人。是用组织架构、岗位设置要求去寻找合适的人，而不是用人去修改组织架构。是人匹配组织，而不是组织匹配人。搞清楚了组织发展的逻辑关系，你就不会再为岗位设置发愁。

我们以某集团管理公司组织架构为例，来说明岗位设置方法。

这是一家管理多个分 / 子公司的集团，实行董事长领导下的总裁负责制，各管理中心则设总经理岗位，方便其管理各分 / 子公司的总经理。

我们从左至右依次分解组织架构图中的管理中心及管理功能，设计合适的岗位名称，最后用流程图呈现出来，就是二级流程图，即岗位设置图。

监察审计中心设总经理，有监察管理和审计管理两个功能。设监察部经理和审计部经理岗位，均不设下属岗位（严格地讲，还应该往下再设监察专员、审计专员岗位，但与会人员都反对，他们认为集团刚成立，不宜设那么多岗位而作罢。——笔者注）。

综合管理中心设总经理，有制度文化管理和行政管理两个功能。制度文化管理只设经理岗位（不设下属岗位，这是新设岗位，符合集团的实际情况），行政管理设行政部经理岗位，下设行政专员、文员、办公室秘书、司机、保安、保洁、厨师、IT 专员岗位（没有这些岗位，集团就没法运作）。

人才发展中心设总经理，有人力资源管理和人才培养两个功能。人力资源管理只设部门经理（只协助人才中心总经理考察考核评价各分 / 子公司总经理及集团各中心的人员管理，故不设下属），人才培养设部门经理，下设内训师不是专职岗位，但必须有这个兼职岗位。

财务中心设总经理，下面有计划管理、资金管理、投资管理、财务管理四个功能。计划管理设计划部经理，下设计划员和统计员岗位；资金管理设资金部经理，下设融资主管、融资助理岗位；投资管理设投资部经理，下设投资主管、投资专员岗位；财务管理设财务部经理，下设开票员、记账员、会计、出纳岗位（集团战略定位为财务管控型，故财务系统岗位设置最多）。

法务中心设总经理，只有一个法务管理功能，只设法务经理和法务助理两个岗位。

各分／子公司总经理由集团任命，故在图中体现（各分／子公司岗位设置图另行设计）。

将以上讨论结果用图 2–2 呈现出来，就是这家集团管理公司的二级流程图，即岗位设置图。

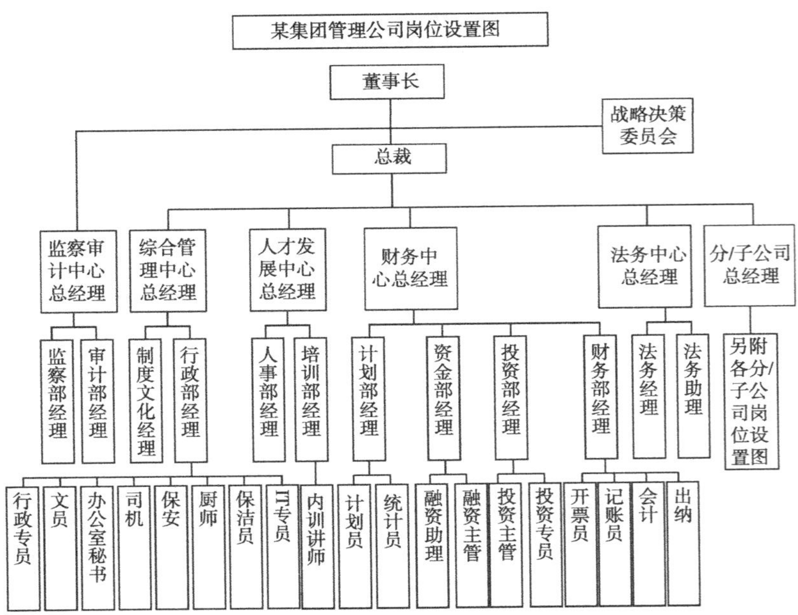

图 2–2　某集团管理公司岗位设置图

岗位是从企业组织架构中细化而来，因工作目标而生，为承担责任而设，绝不可出现无工作、无责任的岗位。只要调整组织架构，就必须调整岗位设置。人员变动与岗位设置调整无关。比如担任某一岗位职务的员工不称职或者离职了，或者某一岗位长期找不到合适的人担任……这些是不需要调整岗位设置的，是暂时性职位空缺。

岗位设置调整的目的是匹配企业战略、适应企业发展，千万不可因人设岗。

五、系统工作细分，梳理企业三级流程目录

为什么要“系统工作细分”呢？这是因为企业战略分解，是按系统划分的，比如人事系统、财务系统、生产系统、质量系统、销售系统等。但每个系统因企业性质、规模，以及管理要求、发展阶段不同，各系统有必要进行细分，才能让工作无遗漏、管理更规范。特别是运行多年的企业，发现企业运行存在诸多梗阻、堵塞甚至瓶颈，这很有可能是原有的工作单位载荷过重，需要增加承载单位或细分管理类别。

完成一级、二级流程梳理后，把管理功能理一理，三级流程名称就可以列队出现，把管理功能转换为三级流程，三级流程名称清晰可见。三级流程名称就是管理功能 + 流程图。

三级流程名称来源于管理功能。一项管理功能对应一个三级流程图。一个系统承载几项管理功能，就有几个三级流程图。企业规模大、管理规范，其三级流程名称就多，反之则少。比如采购管理流程是一个三级流程名称。而大的企业或管理规范的企业，“采购管理系统工作”可能分为采购谈判管理流程、采购履约管理流程、供应商管理流程等多个三级流程。同理，小规模的企业财务管理系统可能只有一个三级流程，就是“财务管理流程”。

比如人力资源系统有人才规划管理、招聘任用管理、员工培训管理、企业绩效管理、员工薪酬管理、劳动关系管理、岗位竞聘管理、情感情绪管理等功能，这些管理功能就是企业的三级流程名称。小企业可能只有“企业人事管理流程”一个三级流程。

我们仍以前面某集团管理公司的组织架构为例梳理三级流程名称。

监察审计中心有监察管理、审计管理两个功能，那就有企业“监察管理流程图”和企业“审计管理流程图”。

人才发展中心有人力资源管理、人才培训管理两个功能，那就有企业“人力资源管理流程图”和企业“人才培养管理流程图”。

综合管理中心有行政管理和制度文化管理两个功能，那就有企业“行政管理流程图”和企业“制度建设管理流程图”“企业文化建设管理流程图”。注意这里出现新情况了，“制度文化管理”分解出两个三级流程图，这是因为企业制度是企业文化最主要的载体，故而放在一起，如果制度管理和企业文化建设脱节，势必造成虚无主义或形式主义，但在管理内容上却各有不同的事务工作，因此分解出两个三级流程图。

财务管理中心有计划管理、资金管理、投资管理和财务管理四个功能，那就有企业“计划管理流程图”、企业“资金管理流程图”、企业“投资管理流程图”和企业“财务管理流程图”。

法务中心只有法务管理一个功能，那就只有企业“法务管理流程图”一个三级流程图。

各分／子公司的三级流程图按分／子公司业务性质、企业规模各自分解。

新设企业梳理三级流程的确简单。正在运行的企业则必须与流程梳理诊断结果进行比照，看看是不是所有工作都有归属，否则有事无人管的情形还会继续出现。

我们前面讲的梳理企业事务工作类别，多数是企业三级流程，部分可能是四级流程。

将企业三级流程名称排序列表，企业三级流程图目录就出来了（具体参见流程图目录参考案例）。

六、盘点工作事项，梳理企业四级流程目录

盘点工作事项，就是盘点企业经常在做哪些事。让大家明白什么工作在创造价值、什么工作创造的价值太少、什么工作根本没有创造价值、有的工作不仅没有创造价值可能还会吞噬他人创造的价值。是工作方式不对，还是工作的人出了问题。人的问题另行解决，工作方式不对，就有必要调整工作方式。这就是前面讲的，通过流程梳理为流程优化奠定基础。

盘点工作事项的目的，就是分门别类理出工作头绪，就是要整理出企业四级流程图名称。

四级流程图名称就是把三级流程图中的基本事项名称 + 流程图就可以了。

我们以三级流程图“采购谈判管理流程图”为例来说明。

采购谈判管理事务工作包括采购制度或标准的建立、采购市场调查、供应商筛选、采购谈判、采购合同签订、工作总结改善等主要事项。这些三级流程图中的每一个基本事项名称 +

流程图就是四级流程图名称。那么，四级流程图名称就有“市场调查流程图”“供应商筛选流程图”“采购谈判组织流程图”“采购合同签订流程图”。“制度建立”与“工作总结”是企业各系统共有的管理工作，其四级流程图分别在“企业制度管理流程图”“企业绩效管理流程图”之下（这两个也是三级流程图名称）。

我们仍然以某集团管理公司为例，通过它的部分三级流程名称梳理四级流程名称。

1 监察管理流程图

1–1 项目监察流程图

1–2 决策贯彻监察流程图

1–3 高管履职监察流程图

1–4 高管违章违纪查处流程图

1–5 监察资料移交流程图

2 审计管理流程图

2–1 年度审计计划制订流程图

2–2 专项审计立项报批流程图

2–3 审计实施流程图

2–4 高管离职审计流程图

2–5 审计监察交接流程图

3 计划管理流程图

3–1 集团年度计划制订流程图

3–2 集团年度计划分解流程图

3–3 分 / 子公司年度经营目标分解流程图

3–4 分 / 子公司月度经营数据上报流程图

3–5 分 / 子公司年度经营目标达成奖励流程图

3–6 预算调整审批流程图

4– 资金管理流程图

4–1 融资计划审批流程图

4–2 分 / 子公司融资申报流程图

4–3 融资对象选择流程图

4–4 融资项目报批流程图

4–5 融资档案管理流程图

5 投资管理流程图

5–1 投资项目论证流程图

5–2 投资审批流程图

5–3 投资项目实施跟进流程图

5–4 投资效果评估流程图

6 财务管理流程图

6–1 分 / 子公司借支审批流程图

6–2 分 / 子公司资产调拨流程图

6–3 分 / 子公司报表报送流程图

6–4 企业对外报表报送审批流程图

6–5 企业税收筹划确认流程图

6–6 财务人员异动工作交接流程图

上面流程图均有代号，三级流程图名称前面用单一数字表示，四级流程图名称只需要把所属的三级流程名称代号加在四级流程图的顺序号前面，就成了四级流程图的代号。如6–2分/子公司资产调拨流程图，就是企业第六个三级流程图（6财务管理流程图）中的第二个四级流程图。

其实，这里的编号是提前了（应该在汇总之后再统一编号），给出编号是为了让大家提前习惯把三级流程与四级流程之间的对应关系时时联系在一起。

七、汇总企业流程目录，把流程规划变成设计计划

梳理企业所有的运行流程，从一级流程到四级流程，汇总编制企业流程目录（千万不要忽视一级、二级流程图，否则设计三级、四级流程图时没有岗位名称，画图就无法进行了），统一编制流程图编号，把企业流程改善策略与规划中的“解决策略”进行细化，即落实策略应该采取的具体措施，把时间规划变成具体时间，把设计任务全部分配到具体员工头上，制定设计完成时间，企业流程设计计划就制订出来了。

企业流程梳理的水平高低，最后都要反映在企业流程目录

汇总表上。即使是同类型同规模的企业，因管理水平、企业文化、干部员工水平不同，梳理出来的流程图目录也不尽相同。因此，流程图目录暂时还没有普遍通用的目录表。即使是同一名称的流程图，在不同的企业也可能是完全不一样的表现形式或不同的内涵。

本书附三种类型的企业流程图目录，供大家参考，切不可照抄照搬。

附 6：微小企业流程图参考名称（张国祥老师为总裁班授课设计）

微小企业重点关注 3 个三级流程，每个三级流程选取 10 个四级流程，仅供参考。

1 微小企业办公管理流程图

1–1 人员聘用流程图

1–2 物品申领流程图

1–3 借款报销流程图

1–4 制度制定流程图

1–5 工资发放流程图

1–6 开会管理流程图

1–7 文档管理流程

1-8 违纪处理流程图

1-9 顾客接待流程图

1-10 请假流程图

2 微小企业采供销管理流程图

2-1 采购计划制订流程图

2-2 供应商选择流程图

2-3 物品采购流程图

2-4 收货验收流程图

2-5 物料领用流程图

2-6 产品入库流程图

2-7 发货流程图

2-8 收款流程图

2-9 售后处理流程图

2-10 盘点流程图

3 微小企业生产管理流程图

3-1 订单处理流程图

3-2 生产计划制订流程图

3-3 车间作业管理流程图

3-4 品质控制流程图

3-5 设备管理流程图

3-6 安全管理流程图

3-7 返工返修流程图

3-8 工艺管理流程图

3-9 计时计件统计流程图

3-10 交接班流程图

附 7：小企业三级、四级流程图名称参考案例（零售连锁企业案例）

表 2-6　小企业三级、四级流程图名称参考案例

零售连锁企业三级、四级流程图目录（节选）			
三级流程图		四级流程图	
1	品牌管理流程图	1-1	品牌宣传方案策划流程图
		1-2	品牌推广流程图
		1-3	品牌使用审批流程图
		1-4	品牌保护流程图
		1-5	品牌档案管理流程图
2	企划管理流程图	2-1	企划方案确认流程图
		2-2	广告制作流程图
		2-3	广告制作验收流程图
		2-4	广告效果评估流程图
		2-5	广告物料进仓流程图
		2-6	货架维护流程图
		2-7	门店促销活动方案执行流程图
		2-8	陈列规范执行检查反馈流程图

续表

三级流程图		四级流程图	
2	企划管理流程图	2–9	包材辅料采购对接流程图
		2–10	陈列道具开发流程图
		2–11	门店单店活动申请审批流程图
		2–12	门店活动方案确认流程图
3	网络营销管理流程图	3–1	微信营销方案确认流程图
		3–2	微信推广流程图
		3–3	微信粉丝采集流程图
		3–4	网站信息更新流程图
		3–5	网上投诉处理流程图
4	商品采购管理流程图	4–1	商品品类规划审批流程图
		4–2	商品市场调研流程图
		4–3	商品采购方案确认流程图
		4–4	商品款式筛选流程图
		4–5	样品筛选确认流程图
		4–6	样品包装设计流程图
		4–7	新产品包装方案确认流程图
		4–8	商品采购合同签订流程图
		4–9	商品采购下单流程图
		4–10	商品定价流程图
		4–11	商品入库流程图

续表

三级流程图		四级流程图	
4	商品采购管理流程图	4–12	商品变价流程图
		4–13	样品处理流程图
5	供应商管理流程图	5–1	供应商开发流程图
		5–2	供应商评估管理流程图
		5–3	供应商档案管理流程图
		5–4	供应商违约处理流程图
		5–5	供应商清算流程图
6	物流管理流程图	6–1	商品提货流程图
		6–2	商品收货流程图
		6–3	仓库配货流程图
		6–4	仓库发货流程图
		6–5	仓库物料领用流程图
		6–6	仓库自主盘点流程图
		6–7	在库商品损耗处理流程图
		6–8	物流供应商评估流程图
		6–9	物流供应商违规处理流程图
		6–10	门店收货流程图
		6–11	门店商品退货流程图
7	商品质量管理流程图	7–1	厂家验货流程图
		7–2	门店质量问题商品退仓流程图

续表

三级流程图		四级流程图	
7	商品质量管理流程图	7–3	不合格商品退供应商流程图
		7–4	质量责任追究流程图
8	信息管理流程图	8–1	宏观政策信息收集流程图
		8–2	行业信息收集流程图
		8–3	竞争对手信息收集流程图
		8–4	内部经营信息收集流程图
9	数据管理流程图	9–1	商品编码管理流程图
		9–2	门店每日销售数据传递流程图
		9–3	异常库存处理流程图
		9–4	采购订单到货异常数据流程图
10	软硬件系统管理流程图	10–1	硬件设备采购审批流程图
		10–2	硬件设备维修流程图
		10–3	硬件设备报废审批流程图
		10–4	硬件设备调拨流程图
		10–5	硬件供应商开发流程图
11	会员管理流程图	11–1	会员办理流程图
		11–2	网络咨询发布流程图
		11–3	会员维护流程图
		11–4	会员活动策划流程图
		11–5	会员积分管理流程图

续表

三级流程图		四级流程图	
12	财务管理流程图	12–1	年度预算编制流程图
		12–2	预算调整审批流程图
		12–3	借款审批流程图
		12–4	报销流程图
		12–5	联营费用收缴流程图
		12–6	工程预付款支付流程图
		12–7	采购备用金管理流程图
		12–8	采购预付款流程图
		12–9	采购退款流程图
		12–10	活动费用预付流程图
		12–11	仓库盘点流程图
13	结算管理流程图	13–1	活动费用结算流程图
		13–2	采购对账流程图
		13–3	采购结算流程图
		13–4	装修结算流程图
		13–5	广告制作结算流程图
		13–6	门店广告制作结算流程图
		13–7	道具结算流程图
		13–8	物流费用对账流程图
		13–9	物流费用结算流程图

续表

三级流程图		四级流程图	
13	结算管理流程图	13–10	门店每日对账流程图
		13–11	门店清算结算流程图
		13–12	店铺转租转让费用结算流程图
14	资产管理流程图	14–1	资产购置审批流程图
		14–2	资产责任人登记流程图
		14–3	资产盘点流程图
		14–4	资产调拨流程图
		14–5	资产报废审批流程图
		14–6	资产档案管理流程图
15	安全管理流程图	15–1	门店安全检查流程图
		15–2	门店失窃上报流程图
		15–3	门店内盗处理流程图
		15–4	门店外盗处理流程图
		15–5	门店损耗责任追究流程图
		15–6	门店防损案例收集整理流程图
		15–7	安全责任书签订流程图
		15–8	仓库安全检查流程图
		15–9	政府单位巡查媒体到访应对管理流程图
		15–10	火灾应对处理流程图
		15–11	停电应对处理流程图

续表

三级流程图		四级流程图	
15	安全管理流程图	15–12	水灾应对处理流程图
		15–13	意外伤害事故应对流程图
16	市场招商管理流程图	16–1	市场调研流程图
		16–2	商圈选择流程图
		16–3	网点布局方案确认流程图
17	招商管理流程图	17–1	招商方案策划审批流程图
		17–2	招商推广流程图
		17–3	招商大会组织流程图
		17–4	招商现场签约流程图
		17–5	联营商筛选流程图
		17–6	联营意向协议签订流程图
		17–7	联营店铺考察流程图
		17–8	联营合同签订流程图
		17–9	媒体招商流程图
18	装修管理流程图	18–1	装修材料市场调查流程图
		18–2	装修商选择流程图
		18–3	门店装修方案确定流程图
		18–4	装修监理流程图
		18–5	装修验收流程图
		18–6	工程承包商等级评定流程图

续表

三级流程图		四级流程图	
18	装修管理流程图	18–7	装修档案管理流程图
		18–8	商场店铺装修流程图
		18–9	街边店铺装修流程图
19	开店管理流程图	19–1	店铺确认审批流程图
		19–2	店铺装修移交流程图
		19–3	开业准备流程图
		19–4	开店备用金交接流程图
		19–5	新店开业广宣物料准备流程图
		19–6	开业流程图
20	门店运营管理流程图	20–1	门店每日开工流程图
		20–2	门店晨会流程图
		20–3	门店每日交班流程图
		20–4	门店收银流程图
		20–5	门店每日现金上缴流程图
		20–6	门店商品上架流程图
		20–7	门店商品陈列调整流程图
		20–8	门店每日收工流程图
		20–9	巡店流程图
		20–10	门店转货流程图
		20–11	门店盘点流程图

续表

三级流程图		四级流程图	
20	门店运营管理流程图	20–12	门店周月销售指标分解跟踪流程图
		20–13	团购送货流程图
		20–14	门店迎宾流程图
		20–15	门店导购流程图
		20–16	门店试用装领用流程图
21	闭店管理流程图	21–1	闭店审批流程图
		21–2	闭店盘点流程图
		21–3	闭店商品处理流程图
		21–4	闭店资产清算流程图
		21–5	门店转租转让流程图
		21–6	工商销户流程图
		21–7	系统及账户销户流程图
22	联营商管理流程图	22–1	联营商收益转账流程图
		22–2	联营商评估管理流程图
		22–3	联营商档案管理流程图
		22–4	联营商违约处理流程图
		22–5	联营商费用结算流程图
		22–6	门店日常费用结算流程图
		22–7	联营商清算流程图

续表

三级流程图		四级流程图	
23	顾客服务管理流程图	23–1	送货上门流程图
		23–2	外地顾客指路流程图
		23–3	礼品包装服务流程图
		23–4	顾客发票服务流程图
		23–5	顾客投诉处理流程图
		23–6	门店顾客换货流程图
		23–7	门店顾客退货流程图
		23–8	免费赠饮服务流程图
		23–9	雨天顾客雨具保管流程图
24	招聘任用管理流程图	24–1	招聘审批流程图
		24–2	新员工入职流程图
		24–3	员工迎新流程图
		24–4	新员工试用转正流程图
		24–5	试用终止流程图
		24–6	劳动合同签订流程图
		24–7	员工岗位调动流程图
		24–8	竞岗组织流程图
		24–9	干部晋升审批流程图
		24–10	干部就职宣誓流程图
		24–11	店长轮岗审批流程图

续表

三级流程图		四级流程图	
24	招聘任用管理流程图	24–12	辞职审批流程图
		24–13	离职交接流程图
		24–14	离职员工欢送流程图
		24–15	员工简历更新流程图
		24–16	员工档案管理流程图
		24–17	店员转正流程图
		24–18	入职员工信息账户建立流程图
		24–19	离职员工信息账户移除流程图
25	培训管理流程图	25–1	培训计划审批流程图
		25–2	新员工入职培训流程图
		25–3	门店开业前员工培训流程图
		25–4	门店新员工岗前培训流程图
		25–5	店长在岗培训流程图
		25–6	店员在岗培训流程图
		25–7	收银员在岗培训流程图
		25–8	防损员在岗培训流程图
		25–9	干部晋升培训流程图
		25–10	内训组织流程图
		25–11	内训师选拔流程图
		25–12	内训师讲课费用结算流程图

续表

三级流程图		四级流程图	
25	培训管理流程图	25–13	培训考核组织流程图
		25–14	培训转化跟踪流程图
		25–15	外派培训组织流程图
		25–16	外派培训成果分享流程图
		25–17	培训档案管理流程图
		25–18	店员 5S 培训流程图
26	员工发展管理流程图	26–1	企业人才规划设计审批流程图
		26–2	员工职业规划设计组织流程图
		26–3	专才培养方案审批流程图
		26–4	店长培养工程组织实施流程图
		26–5	明星店员评选流程图
		26–6	金眼睛防损员评选流程图
		26–7	金牌买手在岗培养组织流程图
		26–8	金牌招商经理在岗培养组织流程图
		26–9	员工发展成果年度统计流程图
		26–10	员工个人愿景设计流程图
27	办公管理流程图	27–1	办公用品申领发放流程图
		27–2	办公环境达标检查流程图
		27–3	出差审批流程图
		27–4	来宾接待流程图

续表

三级流程图		四级流程图	
27	办公管理流程图	27–5	考勤统计流程图
		27–6	办公设备设施维修流程图
		27–7	印章制作审批流程图
		27–8	印章使用管理流程图
		27–9	印章借用发放登记流程图
		27–10	工商执照使用管理流程图
		27–11	公司档案管理流程图
28	制度管理流程图	28–1	制度制定审批流程图
		28–2	制度颁发与宣传流程图
		28–3	制度试行与问题反馈流程图
		28–4	制度执行与奖惩信息统计流程图
		28–5	制度修改报批流程图
		28–6	制度废止审批流程图
29	会议管理流程图	29–1	专题会议组织流程图
		29–2	门店专题会议组织流程图
		29–3	各系统专题会议流程图
		29–4	部门周会组织流程图
		29–5	公司主管周（月）会组织流程图
		29–6	公司（每月）创意评选会组织流程图

续表

三级流程图		四级流程图	
30	绩效管理流程图	30–1	月度计划（绩效指标）确认流程图
		30–2	绩效考核复议流程图
		30–3	绩效分析流程图
		30–4	绩效面谈流程图
		30–5	绩效改善专题会组织流程图
31	薪酬福利管理流程图	31–1	门店员工阶段奖励目标确认流程图
		31–2	门店员工月度奖励金额核算流程图
		31–3	门店员工工资计算发放流程图
		31–4	门店员工工资异议处理流程图
		31–5	门店标兵确认公布流程图
		31–6	门店团队基金提取使用流程图
		31–7	公司员工工资计算发放流程图
		31–8	公司优秀员工评选流程图（增）
		31–9	公司员工提成奖励计算发放流程图
		31–10	薪资异议处理流程图
		31–11	特别福利报批流程图
		31–12	福利发放统计流程图
32	企业文化建设管理流程图	32–1	员工兴趣爱好管理流程图
		32–2	员工活动审批流程图
		32–3	员工活动组织流程图

续表

三级流程图		四级流程图	
32	企业文化建设管理流程图	32–4	困难员工关怀组织流程图
		32–5	员工集体庆生活动组织流程图
		32–6	企业内刊文稿征集流程图
		32–7	企业内刊编辑流程图
		32–8	联营商联谊活动组织流程图
		32–9	企业对外宣传文稿审批流程图
		32–10	企业活动影像资料生成与归档流程图
33	流程管理流程图	33–1	流程图设计流程图
		33–2	流程图审核流程图
		33–3	流程图审批流程图
		33–4	流程图颁布流程图
		33–5	流程图培训流程图
		33–6	流程图试行流程图
		33–7	流程图运行效果评估流程图
		33–8	流程优化更新流程图
		33–9	流程图废止流程图
		33–10	流程图分类归档流程图

附 8：规模企业三级、四级流程图名称参考案例（制造业案例）

表 2-7　规模企业三级、四级流程图名称参考案例

规模企业三级、四级流程图名称参考案例（制造业案例）（节选）			
三级流程图		四级流程图	
1	保卫管理流程图	1-1	外来物资进厂登记流程图
		1-2	外来物资出门流程图
		1-3	来客登记流程图
		1-4	车辆出门检查流程图
		1-5	外协人员出入证办理流程图
		1-6	厂内停车场停车证申办流程图
		1-7	厂内车辆通行证申办流程图
		1-8	员工上岗证办理流程图
		1-9	员工违规处理流程图
		1-10	外协人员违规处理流程图
		1-11	厂内行车违规处理流程图
		1-12	突发事件处置流程图
		1-13	盗窃案件查处流程图
2	财务管理流程图	2-1	年度预算编制组织流程图
		2-2	月度预算编制组织流程图

续表

三级流程图		四级流程图	
2	财务管理流程图	2-3	预算调整审批流程图
		2-4	生产成本及效益核算流程图
		2-5	费用报销流程图
		2-6	往来对账流程图
		2-7	高新技术企业项目研发支出核算上报流程图
		2-8	财务档案管理流程图
		2-9	备用金管理流程图
		2-10	无计划付款审批流程图
		2-11	质量后续跟踪暨质保金支付审批流程图
		2-12	仓储物资盘点组织流程图
3	资金管理流程图	3-1	年度资金预算编制组织流程图
		3-2	月度资金预算编制组织流程图
		3-3	周（日）资金收支计划制订流程图
		3-4	收款流程图
		3-5	付款流程图
		3-6	银行承兑汇票贴现审批、办理流程图
		3-7	银行结算账户开户审批流程图
		3-8	银行结算账户销户审批流程图
		3-9	银行保证金账户开户流程图
		3-10	银行保证金账户销户流程图

续表

三级流程图		四级流程图	
3	资金管理流程图	3–11	收据领用登记流程图
		3–12	财务印鉴使用审批流程图
		3–13	财务印鉴更换报废审批流程图
		3–14	借入外部款项审批流程图
		3–15	个人还款流程图
		3–16	票据领用登记审批流程图
		3–17	现金月度盘点流程图
4	资产管理流程图	4–1	固定资产台账登记流程图
		4–2	固定资产调拨流程图
		4–3	资产抵顶流程图
		4–4	报废资产处置流程图
		4–5	固定资产盘点组织流程图
		4–6	资产捐赠审批流程图
5	结算管理流程图	5–1	采购结算流程图
		5–2	销售结算流程图
		5–3	工程结算流程图
		5–4	内部结算流程图
		5–5	外包结算流程图
		5–6	承包结算流程图
		5–7	运费结算流程图

续表

三级流程图		四级流程图	
5	结算管理流程图	5–8	印章使用登记流程图
		5–9	印章借用审批流程图
6	税务管理流程图	6–1	纳税申报流程图
		6–2	开票流程图
		6–3	企业所得税汇算流程图
7	能源管理流程图	7–1	能源定额审批流程图
		7–2	新增用电审批流程图
		7–3	能源手续申报流程图
		7–4	节能方案审批流程图
		7–5	节能项目评估审批管理流程图
		7–6	能源报表报送流程图
8	生产管理流程图	8–1	年度生产计划制订流程图
		8–2	月度生产计划制订流程图
		8–3	生产统计流程图
		8–4	生产早会流程图
		8–5	生产周会流程图
		8–6	生产月度计划会流程图
		8–7	生产用车调度流程图
		8–8	内部员工临时抽调流程图
		8–9	铁水装运流程图

续表

三级流程图		四级流程图	
9	生产现场管理流程图	9-1	现场检查组织流程图
		9-2	现场问题整改跟踪流程图
10	技术管理流程图	10-1	工艺标准制定流程图
		10-2	工艺标准发放流程图
		10-3	工艺标准修订流程图
		10-4	工艺资料回收销毁流程图
		10-5	对外技术材料申报审批流程图
11	体系管理流程图	11-1	体系内审组织流程图
		11-2	体系管理评审组织流程图
		11-3	体系外审组织流程图
		11-4	体系培训组织流程图
12	产品认证管理流程图	12-1	产品认证项目确定申报流程图
		12-2	产品认证样品准备流程图
		12-3	产品认证现场核查流程图
		12-4	产品认证荣誉管理流程图
13	质量管理流程图	13-1	厂区内部物料倒运流程图
		13-2	原燃料卸车收费流程图
		13-3	外购原燃料退货流程图
		13-4	生铁入库流程图
		13-5	检计量设备校准流程图

续表

三级流程图		四级流程图	
13	质量管理流程图	13–6	轨道衡铁水计量流程图
		13–7	成品出厂流程图
		13–8	计量监控异常处置流程图
		13–9	原料入厂流程图
		13–10	成品物理检验流程图
		13–11	质押产品出库流程图
		13–12	内部厂间倒运原辅料取样流程图
		13–13	铁合金取样流程图
		13–14	原燃料盘库流程图
		13–15	铁水取样化验流程图
		13–16	原料和中间品化验流程图
		13–17	高倍金相检验流程图
		13–18	钢中气体、碳偏析、低倍金相分析检验流程图
		13–19	入厂原辅料质量异议复检流程图
		13–20	易制毒化学品采购入库流程图
		13–21	易制爆化学品采购入库流程图
		13–22	炼钢炉前化验流程图
		13–23	失准检验追溯流程图
		13–24	钢坯入库检验流程图

续表

三级流程图		四级流程图	
13	质量管理流程图	13–25	钢坯抽检流程图
		13–26	钢坯热送流程图
		13–27	钢坯不合格品处置流程图
		13–28	成品抽检流程图
		13–29	钢坯计量流程图
		13–30	成品不合格品处置流程图
		13–31	成品计量流程图
		13–32	成品内部质量异议处理流程图
		13–33	成品退库流程图
		13–34	不良品处置流程图
		13–35	成品盘库流程图
14	产品研发管理流程图	14–1	产品研发市场调研流程图
		14–2	产品研发立项流程图
		14–3	产品研发工艺制订流程图
		14–4	新产品试制组织流程图
		14–5	新产品试用反馈及改进流程图
		14–6	新产品定型评审流程图
15	创新管理流程图	15–1	创新项目立项流程图
		15–2	创新项目结项评审奖励流程图

续表

三级流程图		四级流程图	
15	创新管理流程图	15–3	合理化建议收集评审流程图
		15–4	合理化建议实施组织流程图
16	专利管理流程图	16–1	专利内部申报流程图
		16–2	专利内部评审流程图
		16–3	专利申报流程图
		16–4	专利初审奖励流程图
		16–5	专利通过奖励流程图
17	对标管理流程图	17–1	对标项目申报审批流程图
		17–2	对标报告收集评审流程图
		17–3	对标提案实施效果评估流程图
18	项目管理流程图	18–1	项目立项审批流程图
		18–2	项目预算流程图
		18–3	项目实施计划审批流程图
		18–4	项目验收流程图
19	设备管理流程图	19–1	设备编码流程图
		19–2	设备台账登记流程图
		19–3	采购计划集中会审流程图
		19–4	设备安装验收流程图
		19–5	特种设备报检流程图
		19–6	设备年检计划制订流程图

续表

三级流程图		四级流程图	
19	设备管理流程图	19–7	设备月检计划制订流程图
		19–8	设备委外检修流程图
		19–9	保内设备故障处理流程图
		19–10	新设备使用培训流程图
		19–11	TnPM 培训组织流程图
		19–12	设备改造审批流程图
20	工程管理流程图	20–1	工程基础定价流程图
		20–2	工程预算流程图
		20–3	工程立项流程图
		20–4	工程动土审批流程图
		20–5	工程招标申报流程图
		20–6	工程合同审批流程图
		20–7	工程物资领用流程图
		20–8	工程验收流程图
		20–9	工程资料归档流程图
		20–10	工程质量问题反馈处理流程图
		20–11	工程遗留物资处理流程图
21	安全管理流程图	21–1	安全培训组织流程图
		21–2	安全责任书签订流程图
		21–3	新员工三级安全教育培训流程图

续表

三级流程图		四级流程图	
21	安全管理流程图	21–4	安全消防演练组织流程图
		21–5	安全检查流程图
		21–6	安全违章查处流程图
		21–7	劳保用品申领发放流程图
		21–8	施工动火审批流程图
		21–9	高危作业审批流程图
		21–10	安全手续办领流程图
		21–11	上级安全检查配合组织流程图
		21–12	安全事故责任处理流程图
		21–13	一级、二级动火票审批流程图（新增）
		21–14	特级动火票审批流程图（新增）
22	环保管理流程图	22–1	环保检查组织流程图
		22–2	环保培训组织流程图
		22–3	环保手续申办流程图
		22–4	上级环保检查配合流程图
		22–5	生活垃圾处理流程图
		22–6	环保整改跟踪流程图
23	物资管理流程图	23–1	废旧物资领用流程图
		23–2	危废物资处理流程图
		23–3	物资报废审批流程图

续表

<table>
<tr><th colspan="2">三级流程图</th><th colspan="2">四级流程图</th></tr>
<tr><td rowspan="3">23</td><td rowspan="3">物资管理流程图</td><td>23–4</td><td>危化品入库流程图</td></tr>
<tr><td>23–5</td><td>危化品出库流程图</td></tr>
<tr><td>23–6</td><td>钢材内部领用流程图（新增）</td></tr>
<tr><td rowspan="3">24</td><td rowspan="3">备品备件管理流程图</td><td>24–1</td><td>备品备件入库流程图</td></tr>
<tr><td>24–2</td><td>备品备件出库流程图</td></tr>
<tr><td>24–3</td><td>备品备件外修流程图</td></tr>
<tr><td rowspan="6">25</td><td rowspan="6">加工管理流程图</td><td>25–1</td><td>产值申报流程图</td></tr>
<tr><td>25–2</td><td>备品备件加工计划确认流程图</td></tr>
<tr><td>25–3</td><td>三方定价流程图</td></tr>
<tr><td>25–4</td><td>加工物资领用流程图</td></tr>
<tr><td>25–5</td><td>对内工程结算流程图</td></tr>
<tr><td>25–6</td><td>对外加工服务流程图</td></tr>
<tr><td rowspan="8">26</td><td rowspan="8">国际贸易管理流程图</td><td>26–1</td><td>国贸进口业务流程图</td></tr>
<tr><td>26–2</td><td>委托代理进口业务流程图</td></tr>
<tr><td>26–3</td><td>受托代理出口业务流程图</td></tr>
<tr><td>26–4</td><td>国贸现货采购流程图</td></tr>
<tr><td>26–5</td><td>国贸现货销售业务流程图</td></tr>
<tr><td>26–6</td><td>自营（委托受托代理）进口合同签订流程图</td></tr>
<tr><td>26–7</td><td>进口信用证开立流程图</td></tr>
<tr><td>26–8</td><td>进口信用证到期办理融资（还款）流程图</td></tr>
</table>

续表

三级流程图		四级流程图	
26	国际贸易管理流程图	26–9	港口清关流程图
		26–10	港口结关流程图
		26–11	进口货物保险办理流程图
		26–12	进口业务付汇流程图
27	市场开发管理流程图	27–1	市场调研流程图
		27–2	新产品客户试用反馈流程图
		27–3	客户选择流程图
		27–4	市场推广方案制定流程图
		27–5	展会参展审批流程图
		27–6	展会参展组织流程图
28	销售服务管理流程图	28–1	销售订单确认流程图
		28–2	销售订单生产确认流程图
		28–3	废旧物资销售流程图
		28–4	副产品销售流程图
		28–5	分销盘点流程图
		28–6	内部购销流程图
		28–7	厂内质押合作流程图
		28–8	样品提供与客户确认流程图
29	客户管理流程图	29–1	客户档案建立流程图
		29–2	客户来访接待流程图

续表

三级流程图		四级流程图	
29	客户管理流程图	29–3	客户回访组织流程图
		29–4	客户投诉处理流程图
		29–5	客户满意度调查流程图
		29–6	客户答谢会组织流程图
30	销售定价管理流程图	30–1	价格信息收集流程图
		30–2	新产品定价流程图
		30–3	产品基准价调整确认流程图
		30–4	液态气体内部购销定价流程图
		30–5	废旧物资定价流程图
		30–6	副产品定价流程图
31	期货管理流程图	31–1	期货项目申报流程图
		31–2	期货项目结算流程图
32	供应商管理流程图	32–1	采购市场调研流程图
		32–2	供应商选择流程图
		32–3	供应商违约处理流程图
		32–4	合作供应商等级评估流程图
33	铁路专线运输管理流程图	33–1	发运计划审批流程图
		33–2	货物上站流程图
		33–3	铁路货物装车发运流程图
		33–4	原料卸车流程图

续表

三级流程图		四级流程图	
33	铁路专线运输管理流程图	33–5	原料下站流程图
		33–6	物料倒运流程图
		33–7	铁路装卸费用结算流程图
		33–8	车辆加油管理流程图
34	车辆物流运输管理流程图	34–1	运输合同签订流程图
		34–2	汽运发货流程图
		34–3	承运车运费结算流程图
		34–4	物料汽运流程图
		34–5	车辆挂靠手续办理流程图
		34–6	挂靠车退出过户流程图
35	信息化建设管理流程图	35–1	软件维修流程图
		35–2	备品备件基础档案新增流程图
		35–3	数据备份流程图
		35–4	信息系统立项审批流程图
		35–5	信息化系统建设合同审批流程图
		35–6	信息系统验收流程图
		35–7	服务器资源申请审批流程图
		35–8	电脑及外设维修流程图
		35–9	信息系统授权管理流程图

续表

三级流程图		四级流程图	
36	投资管理流程图	36–1	尽调流程图
		36–2	投资审批流程图
		36–3	投资监管流程图
		36–4	投资收益核算流程图
		36–5	投资退出审批流程图
37	融资管理流程图	37–1	评级授信申报流程图
		37–2	用信申请流程图
		37–3	结息还款流程图
		37–4	对外担保申请审批流程图
		37–5	财务资料（报表类）使用审批流程图
		37–6	融资档案管理流程图

第三章

学会流程设计技术，向流程规范要效率

一、统一设计工具，统一设计方法

企业实施流程管理要从长计议，要考虑流程的通用性、可复制性，万一哪天企业扩张了，要开分公司，或者开分厂、开分店，规范流程的作用就会更加明显。

因此，设计流程图一定要建立企业内部标准，统一流程图设计工具、统一格式、统一风格、统一字体大小、统一线条转折方式、统一标注代号。最核心的是统一流程语言、统一规范。

让流程图内容简洁规范、形式美观，让人看内容一清二楚，看图形赏心悦目，这样才能最大限度地发挥流程图如管理路标一样的导航作用。

二、规范流程用语，培养流程思维

1. 统一流程图语言

流程图如果用词不当，就会给管理带来困扰，给员工带来误导。一个好的流程图必须用词准确、用语精练，可操作，无歧义。

因此，必须对流程图的共用语言进行规范。

（1）以工作类别命名流程图

以工作类别命名流程图，而非按部门或岗位命名流程图，让员工见图思义，这项工作应该怎么做，而不是误导员工这事应该哪个部门管或应该由谁负责。以工作类别命名流程图，改变企业员工各自为政的传统思维，绝对不允许出现诸如“设计部流程图”“品质部流程图”“文员接待流程图”“会计报销流程图”。

（2）流程图中只有岗位划分，没有职权之争

流程图是企业制度的补充，是企业对岗位的授权，不是按照人头分配任务。排在最前面的岗位永远是“授权岗位”，依次为“主持岗位”“参与岗位”。

授权岗位基本固定，就是各系统负责人岗位。这一岗位负责该项事务工作的标准制定、员工培养和例外处理。授权岗位在“四级流程图”可能没有具体工作，但前述三项职责早已设定。一旦流程图有问题或流程图在执行中有问题，就需要担任授权岗位的责任人解决。

其他岗位如“主持岗位”和“参与岗位（可能只有一个，也可能有多个）”，没有职务高低之分，按照工作先后排列岗位位置即可，大可不必考虑“领导在前面”。这样有利于培养员工的责任意识，淡化权力意识、等级观念。

（3）流程图的起点从目标开始

所有流程图必须从工作目标开始，开宗明义，而不能用“椭圆符号内＋开始”表述（椭圆符号是终结符号）。流程目标必须高度概括本流程图的工作目标要求。比如“返修产品维修流程活动要达到的目标”就是“快速返修、挽回影响、满足顾客的要求”，或只要前面八个字。让所有参与该项工作的员工从明确的目标开始，一开始就知道是在做正确的事情，避免中途出错、浪费时间，杜绝传统的临时指挥或“听话照做”带来的低效方式或盲目行为。

做事没有目标，效率一定大打折扣。做任何事情从目标出发，而非从感觉出发。所有流程图的目标达成，企业目标就能达成。流程目标就是工作的方向标。流程环环相扣，本质上就是流程目标环环相扣。

（4）统一进程语言，用语精练，要言不烦

进程是流程图的主体，是指导工作的路线图，用语是否精练，直接影响流程图的指导作用，也影响流程图的美观。要言不烦，节点清晰，一目了然，做事的人才能一看就懂。简单明了，做事效率自然就高。如果模棱两可、表意不清，阅读都觉得困难，执行起来还不知道要乱到什么程度。

用语精练才能准确传达流程的各个节点或结点。流程图中的节点和结点，往往会成为从事该活动员工的工作职责，或管理者的关注重点。它的表达方式以动词 + 名称为主，不能用形容词和副词。比如报销流程图中的“填写报销单，粘贴报销票据，准备报销”，可以用四个字概括“填单报销”，至于如何贴票据、报销的细节说明等，是在报销规定或制度中体现的，也可以用流程说明文件解释。因此，进程框内最好使用通俗易懂、约定俗成的四字、六字、八字，如“填单领取”“回单登记”“返品维修”“修复交货”“拟订方案”等，千万不能在进程框中写文章。

（5）以达成目的结束流程图

必须以达成目的结束流程图，绝对不能用一个椭圆，再加

两个字“结束”。

达成目的必须与流程目标首尾呼应。流程目标确定了，流程运行要达到的目的就十分清楚。有个技巧，把流程目标中的语句改成完成时态就行了。比如现场招聘流程的目标是“初选企业所需的人才”，达成目的就是“初选到企业所需的人才”。当然，如果不能形成呼应，首先要考虑的是流程目标有没有界定准确，这也是一个互逆检验方法。

在流程图中，流程运行达到的目的就是这一流程运行的终点。它与起点相呼应，形成一个闭环。这个闭环是暂时的，随着企业的发展、工作的推进，这个环会继续运转，好的流程就是环环相扣。

统一流程图语言，让企业全员形成条件反射，看到这个词就知道是什么活动或环节，不会产生歧义，也不能自由发挥，它就是企业的工作程序，就是内部的标准动作。

流程图语言达到用词准确、用语精练的高度就成了企业管理的标准和员工操作的指南。

2. 统一流程图判断标准

为了提高流程图设计效率和设计质量，有必要建立一个设计者都能够自行判断的合格标准。通常从五个方面判断：

（1）目标清晰

能够用一句话或不超过两句话概括，三级流程图的目标在20个字以内，四级流程图的目标在12个字以内。

（2）责任到岗

所有活动都有岗位归属，岗位名称中不能出现“部门”字样。部门不能做事，岗位才有职责。

（3）进程简洁

没有重复活动，没有可有可无的活动，用语简洁，四六字为宜，没有生僻字词，不在进程框内写长句。

（4）目的达成

用文字表达，与目标首尾响应，不能用“结束”代替流程达到的目的。

（5）格式规范

一律五列，不增列也不减列（车多并行，车少空道），框图及字体大小按软件自定义，不自行变大、变小或变色。

3. 全员建立流程思维

流程图本身也是一种思维导图，经常阅读规范的流程图，对训练流程思维作用非凡。流程思维与传统思维和权力思维相反，它要求企业员工遇到工作难题首先按流程图的要求（每个流程图的目标就是工作要求）思考，而不是遇到问题就找上级。培养员工的流程思维，就是培养员工用流程思考、按流程执行、让流程说话的工作习惯和思考习惯。

在工作中，员工之间也要经常使用流程语言交流，当员工工作出现偏差的时候，不要一味教训或斥骂，而是以这样的问话开头：你还记得这项工作的流程吗？记不记得它的目标要求是什么？我们为什么要做这件事？让员工按照流程图的要求思考工作出现的偏差，比斥骂员工的效果好很多。

前面已经讲过，企业工作中出现的问题 80% 是流程的问题而不是人的问题。出了问题，主管首先要思考的是我们的流程有没有问题。员工发现问题也主动从流程上检讨或反思。坚持下去，企业的工作氛围会发生改变，工作效率也会发生改变。

三、三级流程设计要诀

三级流程图的作用就是划分系统工作的主要责任、配合责任，并按照管理逻辑的先后呈现。让企业团队成员一看就知道，为了特定系统目标的实现，由什么岗位主导，需要哪些岗位人员配合，一清二楚、一目了然。企业所有的三级流程图都有了，企业战略落地的路线图就可以说尽在掌握中。

三级流程设计要诀：目标开始，首尾相连；建立制度，追根溯源；主责清楚，配合分明；层层推进，阶段总结；反馈意见，制度完善；PDCA，不断循环。

下面分别对三级流程图设计要诀进行解读。

1. 目标开始，首尾相连

管理从目标开始，通过过程控制，达成目的在今天的企业管理中是一个常识。因此，设计流程图必须从目标开始。没有清楚的目标界定，就无法确定做事的方向，也无法展开流程描述。为什么设计流程图要强调首尾相连？流程运行的结果必须达成设计目标。如果设计流程图能够从清晰目标开始到达成目的结束，就不会偏离方向，也容易厘清思路。

首尾相连还有另一个涵义。流程图中的“目标界定”与流程图中的“目的达成”在语言上有着高度的相关性，目标往往是一种要求，目的达成就是结果，前者是未来时态，后者是完成时态。比如销售管理流程的目标是“提高企业销售管理水平，提高市场占有率”，达到的目的就是“提高了企业销售管理水平，提高了市场占有率”。

2. 建立制度，追根溯源

没有规矩不成方圆，没有制度就没有管理。三级流程图的管理岗位第一职责就是建立所管辖系统的制度(包括标准、流程、表格等一切成文规范)，否则就无法有效开展管理工作。也许成长中的企业暂时没有制度，但是不等于永远不要制度。

流程设计正好明确了制度建立的主体岗位。我们在流程图中通常这样表述："负责组织制度拟订和贯彻执行"，即管理岗位必须负责"组织制度拟订"和"组织制度贯彻执行"。当然，这里的"制度"不是企业制度的全部，而是这一管理岗位所管辖系统的制度。比如采购部经理负责采购管理制度的组织拟订与组织执行，财务部经理负责财务管理制度的组织拟订与组织执行。

"追根溯源"讲的是回到管理的原点。比如采购管理一定是从市场调查开始，财务管理一定是从预算开始，招聘管理一定是从人才需求核定开始。

3. 主责清楚，配合分明

"主责清楚"是指管理岗位或主持岗位的主要职责必须按照事务工作开展的逻辑先后排列，每项职责其配合岗位有哪些、配合什么事项分门别类一目了然。三级流程图是管理职责的逻辑划分，并不要求把每项工作具体怎么做描述出来。

比如一般企业的采购管理流程图，采购部经理要负责的事项或职责有：组织市场调查、组织供应商筛选、组织合同签订、组织合同履行、组织货物验收、组织供应商评定、组织供应商档案管理、组织采购方案优化、组织听取意见、组织采购制度修改完善等。其中，不同的职责会有不同的岗位配合。

我们只要在流程图中界定清楚，让涉及岗位人员一看就明白各自的职责是什么就好了，具体到每项职责怎么做就是四级流程图的内容了。

4. 层层推进，阶段总结

“层层推进，阶段总结”有两个涵义：一是每项职责的推进有阶段总结；二是整个三级流程图的工作推进要有阶段总结。比如采购的市场调查有阶段总结、供应商履约有阶段总结、供应商评定本身就是阶段总结。企业的整个采购管理要有阶段总结。至于阶段总结是一个月，还是一个季度，甚至一年，就要看企业管理的成熟度了。这本身也是制度要约定的内容。

5. 反馈意见，制度完善

这一条与“主责清楚、配合分明”有关。负责某一事务工作管理的岗位要定期听取配合岗位的意见，配合岗位也要主动反馈配合情况、提出建议。主持岗位或者叫管理岗位的员工听取意见后，必须对制度或流程或标准进行检讨，提出改善方案，报批后再贯彻执行新的制度。这就是流程优化、制度完善在三级流程图中的体现。

6.PDCA，不断循环

这也是管理要求。企业管理就是不断发现问题、解决问题的过程。企业管理水平就是在不断发现问题、解决问题的过程中得到改善或提高的。任何一个三级流程图都有阶段总结，如果我们一个月就进行一个循环可能太快了，但是半年、最多一年必须进行一个循环。也就是说，流程优化、制度完善必须每年进行。

其实，只要懂得该项事务工作的管理内容、厘清管理思路，设计三级流程图并不难。

设计三级流程一定要注意高度概括，划分职责、清晰该项工作管理的先后逻辑即可，千万不要过于琐碎，细节只能在四级流程图中体现。否则，画出的三级流程图很可能不三不四（既不像三级流程，也不像四级流程）。

附 1：三级流程图设计模板

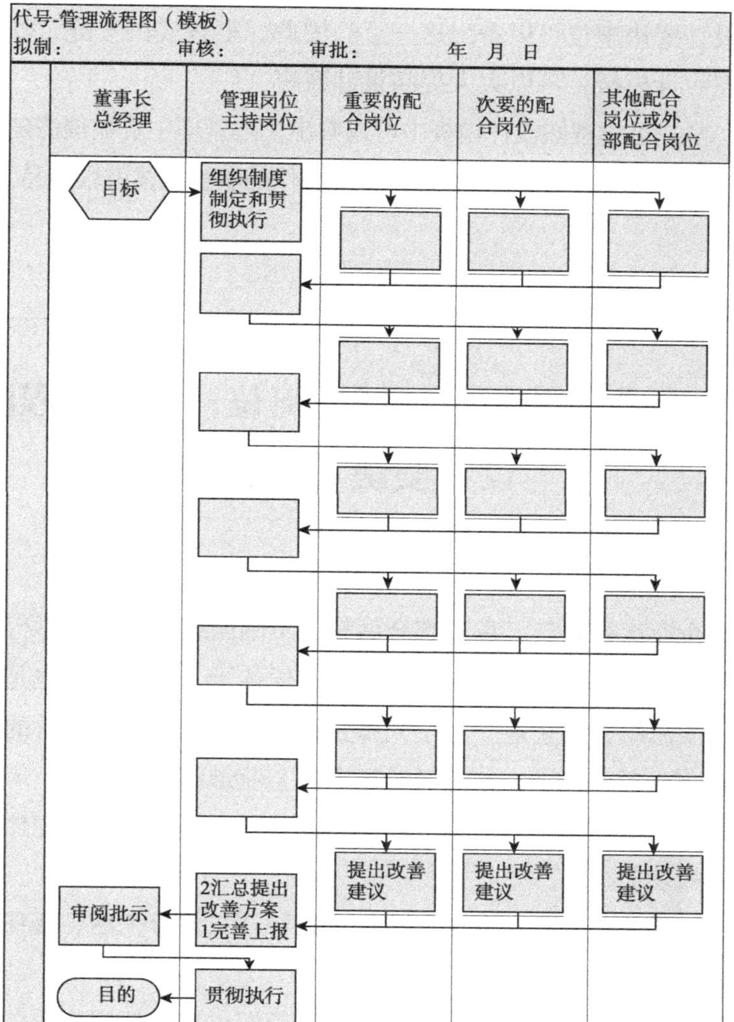

图 3-1　三级流程图设计模板

由于三级流程是管理职责的逻辑划分，故企业所有的三级流程图在形式上相同（内容各异、岗位名称不同），从三级流程设计要诀中也可以看出这一点。因此，笔者提供一份三级流程图设计模板，可以大大提高设计效率。

从三级流程图设计模板中可以看出，把管理主责梳理清楚，按逻辑先后填写出来，对参与、配合、协作的填空表述就很容易了。

四、工作分先后，责任定岗位：四级流程图设计要诀与方法

企业运行多年，员工都会做事，不画四级流程图行不行?

画流程图是为了经验显形化，方便传承。画流程图也是一次经验总结，对企业、对个人都是有百利而无一害。优秀的员工升职或者离开了，他的经验还会在企业继续发挥作用。笔者强调要在流程图中加上设计者姓名，就是为了让后来者记住设计者的功劳。

四级流程图设计要诀就是两句话："工作分先后，责任定岗位。"

"工作分先后"没有异议，也好理解。"责任定岗位"有

必要解释一下，把职责划分到岗位，扯皮推诿才能杜绝。传统的流程图多数只有业务先后的划分，只有部门到部门之间的流转，很少把活动进程落实到岗位。

四级流程图设计方法如下：

①点开制图软件（推荐使用微软的 VISIO 软件），选择点击“跨职能流程图”模块，选择点击“垂直”，职能带数目确定“5”。不论岗位数多少，一律选择 5 列制图。

②填写流程图代号及流程图名称，按照统一编写的代号填写，新增流程图其代号可暂时留空。

③添加设计格式：在流程图名称后面点击换行键，添加“拟制、审核、审批、年月日”。“拟制”填写设计者的姓名，“审核、审批、年月日”留空，待以后优化审核审批时填写。“审核”在组织集体审核之后填写组织者姓名，不写岗位；“审批”由企业负责人组织审批通过后，填写其姓名，不写岗位，同时填写“审批通过时的日期”。

④确定流程的授权岗位：授权岗位为各系统负责人岗位，如财务部经理、采购部经理、生产部经理等，不写人名。

⑤确定流程的主持岗位：主持岗位基本等同流程活动发起岗位，通常以基层岗位为主，不写人名。

⑥确定流程的参与岗位：配合、支持（包括审核、审批签字的岗位在内）统称为“参与岗位”，通常按照流程进程出现先后依次排列。当参与岗位过多时，可在一个职能带中用数字 1、2、3 区分。比如 3 个岗位同时参加一个活动填写“1 技术工程师、2 工艺员、3 品质检验员”（在图中纵向并列）。

⑦确定流程目标：流程目标是流程活动要求，即工作要求，必须开宗明义用文字概括，不能用“椭圆 + 开始”。流程目标固定在授权岗位下方的最上端，为“准备符号”六边形框。

⑧确定流程进程：梳理工作先后，用路标似的短句呈现工作进程，与上面的岗位对应。进程活动框内不重复写岗位名称，只写活动进程，上面有并列岗位的，各岗位的活动进程前加代号，如“1 提供技术支持”就代表是“1 技术工程师”的活动，“3 提供质检报告”就代表是“3 品质检验员”的活动。

⑨确定流程达到的目的：用文字描述流程达成目的，填写在“结束符号”椭圆框内，与上面的“流程目标”首尾响应。椭圆框与六边形框对应，在授权岗位最下方。

⑩最后连线并做整理：连线从目标框开始，按照工作先后顺序往下连，至椭圆框结束。如果有判定符号，先连否定线（连线箭头往回走），再连肯定线。最后调整各框图的间距，让转折线的长度相等，流程图就自然美观了。

以下是《发货流程图》产生的背景介绍。

2012 年 10 月，笔者到西南某市讲课。当地做海鲜配送的吴总夫妇，课后请教公司的发货流程图怎样设计。笔者详细了解了公司目前发货的状况、存在的问题。

从两人交替介绍中得知：员工都是老板的老乡，公司配备摩托车让员工送货，送货单位（酒店居多，多数是老乡开的店）都与公司签订了合作协议，员工送货之后只要把送货单的底单交给仓管员就可以了。老板娘按月对单结账。上个月，老板娘居然在结账时比对账单多收了几千元，对方对账的酒店老板娘手上的单子比自己送货的单子多一张。

经过三人共同梳理，发现员工送货单上交仓库存在漏洞，出库时没有按人登记送货单号，送货后回单也没有登记。也就是说，单子中途丢了，对方不认账，公司就无法收款。

笔者又问："有没有可能员工根本没有把海鲜送到酒店，而是直接送到自己家里或丈母娘家呢？"老板夫妇都给予否认："员工都是自己的老乡，不会的。以后公司做大了，员工不是自己的老乡就不好说了。"

管理针对的是流程，不是人。我们只有把送货流程的各个环节衔接好，任何人送货都不会出问题，才能保证企业运行安全。因此，笔者建议增加送货单打印、出库登记和回单登记环节，控制不丢单据，即使丢了也能找到责任人。

了解到公司有增加员工工资的想法，笔者建议同时增加送货员奖励：每一张送货单按货物金额提取 0.1% 作为奖励，每张回单另外奖励 2 元。工作数量和工作质量都与收入挂钩。这样做的好处是员工不会反感增加登记手续。

这样改变流程，看似老板多花了钱，其实不然。一年后，吴总夫妇向笔者致谢。他们说："按照张老师指导的流程图操作，员工收入增加了，我们的利润也增加了。员工愿意多送货，再也不丢单，每月盘点也没有以前那样出现几千元的亏库。我们配送的客户更多了，却没有增加人手。真的实现了张老师讲的双赢！"

附 2：四级流程图设计模板

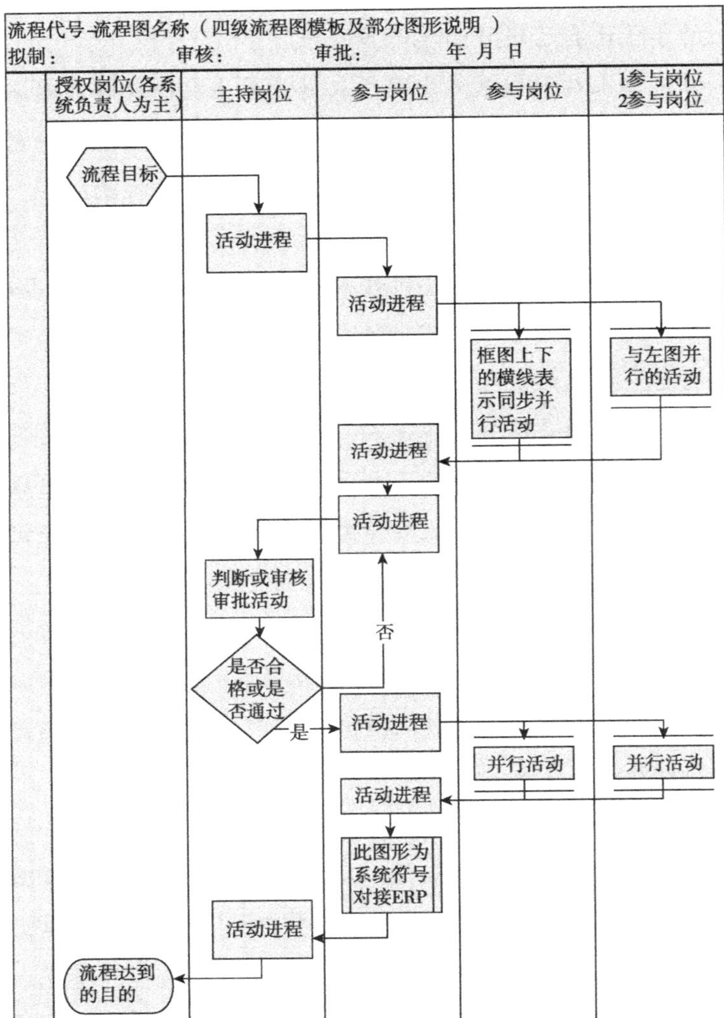

图 3-2 四级流程图设计模板

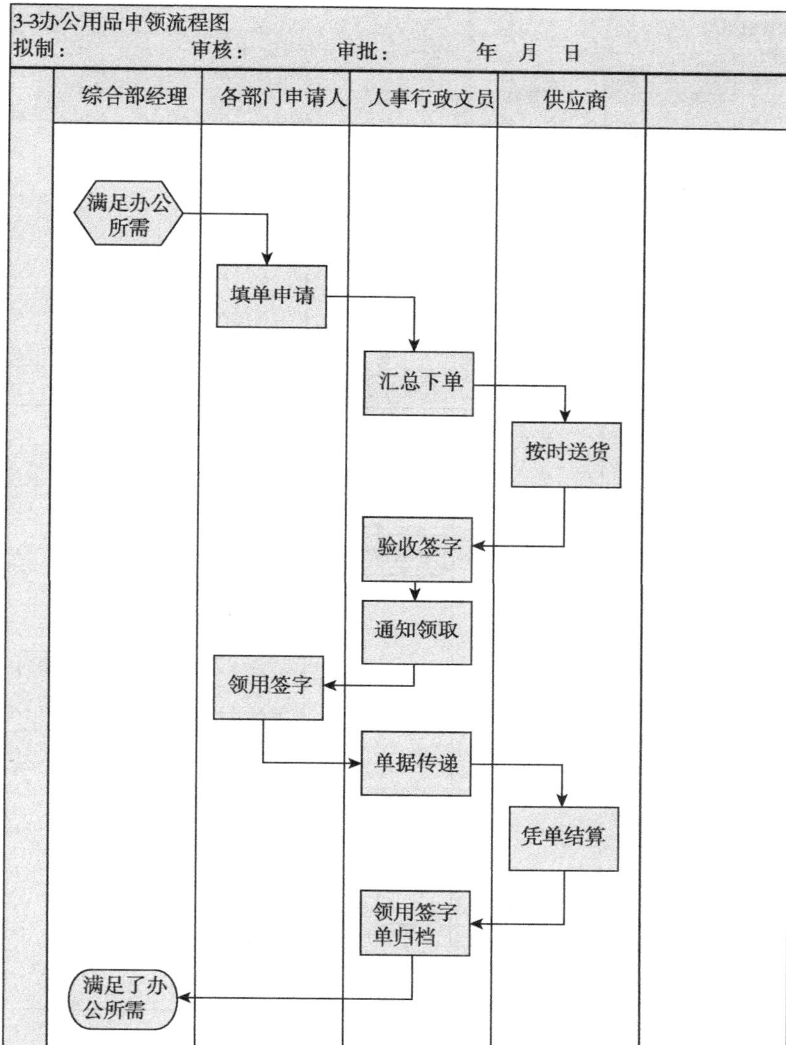

图 3–3　办公用品申领流程图

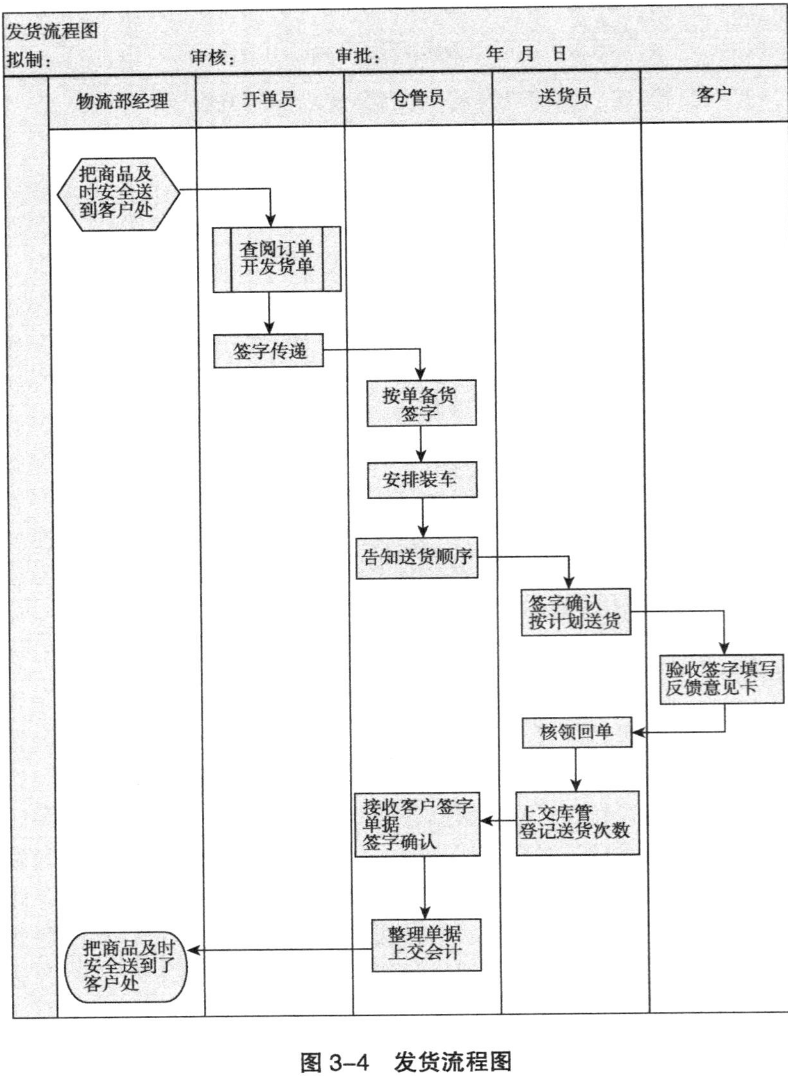
发货流程图
拟制：
审核：
审批：
年 月 日
物流部经理
开单员
仓管员
送货员
客户
把商品及时安全送到客户处
查阅订单开发货单
签字传递
按单备货签字
安排装车
告知送货顺序
签字确认按计划送货
验收签字填写反馈意见卡
核领回单
上交库管登记送货次数
接收客户签字单据签字确认
整理单据上交会计
把商品及时安全送到了客户处

图 3-4 发货流程图

这个案例也告诉大家流程梳理与流程设计并不复杂。先厘清现状，找出问题，比如哪里烦琐、拥挤、低效，或者哪里有交叉、堵塞，甚至哪里有真空（漏洞），都能一清二楚。再集思广益，怎么做效果更好，想法统一了，用流程图呈现出来，企业新的做事方式就产生了。再把这个流程图涉及的岗位员工召集起来，统一进行培训，在大家都理解清楚的前提下，新的做事方式就很容易推行。

五、遵循8字准则，认同三个假设

为了确保流程设计环环相扣，将来运行起来工作畅通无阻，进行流程设计时必须遵循流程设计的8字准则、认同流程设计的三个假设。

1.“务实、独特、简洁、高效”的流程设计8字准则

8字准则是有其逻辑关系的。

流程设计首先要“务实”，要切合企业实际，不能脱离实际，不能好看不好用。其次，要“独特”，是企业独有的，

不能是网上抄的，不能是从其他企业搬过来。在确保务实独特的基础上再力求“简洁”，能一人做的事不要用几个人来完成，能一步到位的工作不要人为分拆。流程简洁了，才能高效。但也不能为了简洁而简洁，做事太简单，没有效果也不行。这 8 个字 4 个词有其内在的逻辑关系，密不可分，缺一不可。

每一个流程设计都力求达到 8 字准则，当多个流程有交互作用或影响时，也要用 8 字准则来衡量。当每个系统流程都能环环相扣时，还要通盘考虑企业的整体运行流程要环环相扣，也要符合 8 字准则。所以，我们强调流程设计不能各自为政。

我们现在以图 3–5《面辅料入库流程图》为例，说明流程设计环环相扣的重要性和必要性。

这个流程图放在一个三级流程下面就可以了。如果放在《35 仓储物流管理流程图》下面，其他系统可以通过制度规定来体现，比如在《采购管理制度》中写一句“面辅料采购订单交货流程按照《35–1 面辅料入库流程图》执行”即可。在《品质检验管理制度》中，写一句“面辅料入库检验流程按照《35–1 面辅料入库流程图》执行”即可。

环环相扣指流程图之间，也指制度、流程图、岗位工作标准等企业各管理规范之间要环环相扣，不能各说各话，更不能互相打架。

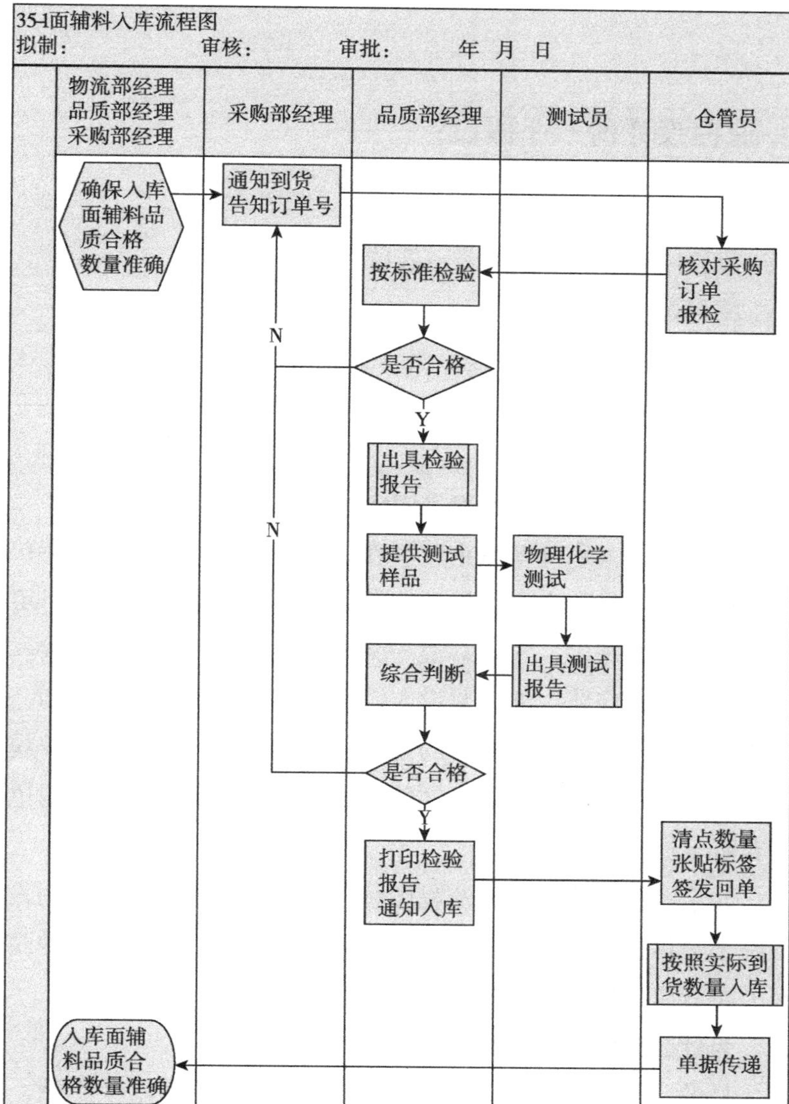

图 3–5 《面辅料入库流程图》

2. 流程设计的三个假设

流程设计的三个假设是从实践中产生的。

流程设计的三个假设：

· 企业制度是健全的；

· 岗位员工是称职的；

· 设计后是要执行的。

为什么要假设企业制度是健全的？

事实上，大家都知道企业制度健全的少，就是有制度能执行的也很少。为什么要反过来假设呢？就像修高速公路，一定是考虑公路修好了，人们都遵守交通规划，车辆上路都能按章行驶，才会去修路。如果假设人们都不守交通规则，还不如一开始就不修。流程设计的目的是规范企业管理，让大家都按规范做事、遵章守纪。如果允许制度不健全，不就等于流程图也可有可无？

如果没有制度保障，流程图画再多又有什么用？流程图设计好了，再按照新理论、新方法完善企业制度，企业运行的高速公路就有了保驾护航的栏杆和卫士。

为什么要假设岗位员工是称职的？

是的，管理不规范的企业，员工不称职的确不在少数。如果我们不按称职员工的工作方式或工作经验来设计流程图，而是保留不称职员工的做法，那么流程图有可能画不出来或者画出来的流程图臃肿杂乱、没有条理。流程图中的活动或工作进程都是优秀员工的经验总结，那么以后新来的员工都按这种方式工作，久而久之，新员工也就变成了称职的员工。

为什么要假设设计后是要执行的？

流程图设计的时候就不打算执行，那画它干什么？流程图画得很好看，没有可操作性、不能执行，画它干什么？

做第三个假设还有一个背景，因为不少企业遇人不淑，或者遇到顽固势力阻挠，管理咨询项目没有成功，企业仅仅收到一大堆好看的“文案”，没有真正执行或根本无法执行，文案被束之高阁。企业员工心有余悸，担心流程图设计也会重蹈覆辙，因此把设计流程图当作一个临时任务，根本不予重视，只想快点完成交差，完全不考虑今后的执行。

按照三个假设设计流程，全部完成之后，再把三个假设变成现实。这就是企业修建内部高速公路的全部逻辑。

流程图不为个人而设。流程图是企业的管理规范，是企业制度的延展和补充。没有“你的流程”，也没有“我的流程”，没有“你部门的流程”，也没有“我部门的流程”。总之，没有“我”的流程，只有企业的流程。设计流程图，不考虑“我”会不会，不考虑“你”愿不愿，只考虑怎样做对工作有利、对客户有利、对企业有利。

六、流程说明文件："三三制"写作法

通常情况下，流程图与流程说明文件是一一对应的，即一图一文。但是否每个流程图都要进行文字说明，笔者认为并非如此。

一般来说，流程描述要解决三个问题：

一是做什么（工作类别）？

二是谁做（责任岗位）？

三是怎么做（即做好的标准）？

流程图中对"怎么做"交代得很清楚了，流程说明文件则可以略去不写。也就是说，应该根据企业管理的实际需要来决定是否写作说明文件。显而易见，流程说明文件的关键就是围绕做好工作的标准展开。

关于流程说明文件的写作，笔者归纳总结了一个流程说明文件"三三制"写作法。即文章形式上的"三段"、语言文字上的"三不"和写作内容上的"三点"。

1. 文章形式上的“三段”

第一段是授权岗位对流程工作或活动的目标要求，开宗明义指出本流程运行的目标或者说要达到的目的。文字内容与流程图中准备框内的文字表述高度一致。

第二段是对本流程事务工作或活动内容的准确界定。通常按流程进程先后进行文字描述，并用数字对活动进程的先后标号。语义要充分体现写作内容上的“三点”。

第二段是说明文件的关键和重点。按照工作先后与责任岗位对应起来，分步骤介绍工作进程或流程活动。把活动的交会点或交接方式交代清楚，把流程图中使用的简缩词语还原为标准化动作。比如填单报销、填单领取、填单申请等单子的名称用书名号一字不少地填写出来。如果有时间要求写出具体时间，如一天或一个工作日或 24 小时之内等。

第三段就是本流程工作或活动运行结果或达到的目的。通常与第一段首尾呼应，所用语言在时态上往往是完成时。

2. 语言文字上的“三不”

我们要求流程说明文件中的词句必须准确清楚、一目了然，不得使用抽象语言（如科学、规范）、不得使用概括语言（如有关、相应）、不得使用模糊语言，如“及时完成”“尽最大努力完成”中的“及时”“尽最大努力”就属于模糊语言。

3. 写作内容上的“三点”

“三点”是流程工作或活动“谁做”“怎么做”“做好的标准”。流程说明文件必须对“三点”介绍清楚，不得模棱两可、语焉不详。

概括来说，每一份流程说明文件必须对流程承担者做好工作或完成任务的先后、做好的标准、衔接的时间、交接的地点、工作的性质、必备的要素做出规定，能够让新来的员工通过阅读流程图和流程说明文件就能基本掌握工作方式和方法。

检验流程说明文件合格的标准是新手看了就会。

下面以《面辅料入库流程图》（本章所附流程图）的说明文件为例，来看看流程说明文件的写作运用。

35–1 面辅料入库流程说明文件

拟制： 审核： 审批： 年 月 日

一、物流部经理 / 品质部经理对面辅料入库工作的要求

确保入库面辅料品质合格，数量准确。

二、面辅料入库流程的事务工作内容

（1）采购部经理通知仓管员到料时间并提供清单（供应商、货号、品名、数量），仓管员收料放入暂存区，签《暂收单》盖暂收章，如不符，反馈采购部经理核对解决处理；正确，通知品质部经理检验，品质部经理按要求检验并出具检验报告，不合格，通知采购部经理处理；合格，剪样安排测试，测试员按照客户要求进行物理或化学测试，测试完成系统录入测试报告。

（2）品质部经理系统查看测试报告做综合判定，不合格，通知面辅料采购部经理处理；合格，打印检验报告并通知入库；仓管员按照实收数量系统入库，入库面辅料做好标示、张贴标签，分类存放，做好区域标示。

（3）仓管员打印《收货单》反馈供应商并传递采购部经理，单据每周末移交会计。

三、面辅料入库流程运行的结果

入库面辅料品质合格，数量准确。

附：本流程运行所需表格

表 3–1《面料检验报告》

表 3–2《面辅料测试报告》

表 3–3《面辅料入库标签》

表 3–4《收货单》

表 3–5《辅料检验报告》

表 3–1 《面料检验报告》

外销合同：	采购合同：	发料通知单号：	检验编号：
供应商名称：	订单数量：	来料数量：	来料日期：
面料名称：	抽检匹数：	抽检米数：	检验日期：

续表

<table>
<tr><td>卷号 / 批号：</td><td>缸号：</td><td colspan="2">门幅（cm）：</td><td>检验百分比：</td></tr>
<tr><td>货号：</td><td>订单数量：</td><td colspan="2">颜色：</td><td>克重：</td></tr>
<tr><td rowspan="2">疵点评分</td><td colspan="4">实际疵点</td></tr>
<tr><td>1</td><td>2</td><td>3</td><td>4</td></tr>
<tr><td>破洞</td><td></td><td></td><td></td><td></td></tr>
<tr><td>纬斜</td><td></td><td></td><td></td><td></td></tr>
<tr><td>色差 / 色道</td><td></td><td></td><td></td><td></td></tr>
<tr><td>断经 / 断纬</td><td></td><td></td><td></td><td></td></tr>
<tr><td>粗经 / 粗纬</td><td></td><td></td><td></td><td></td></tr>
<tr><td>色纱 / 色条</td><td></td><td></td><td></td><td></td></tr>
<tr><td>折痕 / 停机痕</td><td></td><td></td><td></td><td></td></tr>
<tr><td>油污 / 脏污</td><td></td><td></td><td></td><td></td></tr>
<tr><td>结头 / 抽纱</td><td></td><td></td><td></td><td></td></tr>
<tr><td>露白 / 鸡爪印</td><td></td><td></td><td></td><td></td></tr>
<tr><td>印花 / 晕色</td><td></td><td></td><td></td><td></td></tr>
<tr><td>其他</td><td></td><td></td><td></td><td></td></tr>
<tr><td>扣分合计</td><td></td><td></td><td></td><td></td></tr>
<tr><td>每 100 平方码分数</td><td></td><td></td><td></td><td></td></tr>
<tr><td>检验等级</td><td></td><td></td><td></td><td></td></tr>
<tr><td colspan="5">每 100 平方码的分数 =（总分数 ×36×100）/（受检码数 × 可裁剪的布匹宽度英寸）</td></tr>
</table>

续表

<table>
<tr><td rowspan="4">备注</td><td colspan="4">（1）瑕疵 ≦ 3cm 记 1 分；3cm ＜瑕疵 ≤ 6cm 记 2 分；6cm ＜瑕疵≤ 9cm 记 3 分；瑕疵＞ 9cm 记 4 分</td></tr>
<tr><td colspan="4">（2）连续性瑕疵每码记 4 分，每码布评定不超过 4 分</td></tr>
<tr><td colspan="4">（3）产品依据等级判定为 A、B、C 三级，具体划分参考品质判定要求</td></tr>
<tr><td colspan="4">A 级：0~15 分（接受）
B 级：15~40 分（裁剪时注意避让）
C 级：40 分以上（拒收）</td></tr>
<tr><td>色光对照</td><td>D65</td><td>U3500</td><td>CWF</td><td>结论</td></tr>
<tr><td>对比确认</td><td></td><td></td><td></td><td></td></tr>
<tr><td>跳灯评估</td><td></td><td></td><td></td><td></td></tr>
<tr><td>备注</td><td colspan="4">要求无明显色差</td></tr>
<tr><td>面料有效门幅</td><td colspan="4">检验方法，根据采购资料要求核对面料门幅，毛门幅是含布边的幅宽，净门幅是去掉定型针孔及卷边的毛边，可以排料裁剪的门幅</td></tr>
<tr><td>检验结果</td><td colspan="4"></td></tr>
<tr><td>面料克重测试</td><td colspan="4">取样方法：克重计圆盘切片后称重，取布头 2 米以内的面料，距边 15 厘米取样，边距中 45 厘米取样，布中取样，取平均克重值</td></tr>
<tr><td>测试结果</td><td colspan="4"></td></tr>
<tr><td>备注</td><td colspan="4">±5 克内可以接受（80 克以内面料误差 3 克，80~200 克面料误差 5 克，200~300 克误差 8 克）</td></tr>
<tr><td>色牢度测试</td><td colspan="4">取样方法：取 40×40 厘米的布样，原色面料上摩擦，用皂粉在 60 度温水中浸泡 30 分钟，检查面料褪色等级</td></tr>
<tr><td>测试结果</td><td colspan="4"></td></tr>
</table>

续表

备注	3~4 级可以接受
缩水测试	取样方法：取 40×40 厘米的布料 3 片，水洗自然干后测量
确认缩率结果	
拉力牢度测试	取样方法：取布料，用手撕、凭手感等方法综合判断
确认结果	
备注	正常即可
检验结论	□ 通过　　□不通过　　□待定
检验评语	
品质部经理：	仓管员：

表 3–2 《面辅料测试报告》

品名 测试名称	客户	货号	品名	样品名称	样品数量	测试要求	测试结果	备注

申请人：　　　　测试员：　　　　测试主管：

表 3–3　《面辅料入库标签》

品号	品名	数量	入库时间	出库时间	供应商	备注

制单：　　　　　　仓管员：　　　　　　领料员：

表 3–4　《收货单》

名称	货号	品名	数量	单位	规格	备注
此单只作为临时暂收货物使用，不作为数量、品质确认签收依据						

制单：　　　　　　仓管员：　　　　　　送货人：

表 3-5 《辅料检验报告》

外销合同号：			采购合同：			发料通知单号：		检验编号：					
供应商名称：			订单数量：			来料数量：		来料日期：					
辅料名称：			抽检数量：			抽检比例：		检验日期：					
辅料编码	物料名称	材质	规格	颜色	来料数量	抽检数量	疵品率	缺陷类别			判定结果		备注
								轻微	一般	严重	合格	不合格	
检验评语													
检验结论	□ 通过			□不通过				□待定					
品质部经理：								仓管员：					

七、流程内外皆通，方可运行顺畅

我们说导入流程管理，就是修建企业内部高速公路，假如高速公路修好了，却与外界脱离，是不是又会形成新的堵塞或瓶颈？答案不言自明。

打个比方，县里的公路修好了，如果不与省道、国道连通，县里的人出行是不是依然不方便？所以，内部高速公路一定要与外界连通。不仅要连通省道、国道，还要与世界接轨，企业才能走向更加广阔的市场。企业流程设计也必须如此。

为什么企业员工初次画流程图，都只有内部员工岗位，而没有外部人员呢？

首先是思维局限，眼里只有自己的一亩三分地，没有系统思维或客户意识。比如生产线员工，只管自己把事做好，至于后面产品流通到哪里，或者谁使用，他是不会操心的。

其次是习惯做法，习惯听话照做，不需考虑后面的事，也不敢问后面的事，问多了，主管还可能骂你多管闲事。

这也反映了没有实施流程管理的企业，员工之间是松散关系，工作靠主管调度，是一粒粒珍珠，没有穿在一起。而实施流程管理的企业，有了流程这条线，员工就犹如一条穿起来的项链，员工关系就变得紧密。规范的流程图，不仅能够提高员工的工作效率，还能改变员工的思维方式。

笔者在不同企业，收到学员初次画的流程图，经常见到没有客户签收的发货流程图、没有客户参与的投诉处理流程图。

为什么《发货流程图》没有客户签收？画图的员工回答："我们发货要么走物流，要么发快递，都不和客户接触，当然不会出现'客户'岗位。"

笔者问："如果第三方物流的员工或者快递员出现失误，客户没有收到货，会不会找我们企业的麻烦？"员工回答："有的会、有的不会。比如快递员损坏产品，他主动赔钱了，客户就不会找我们麻烦。如果客户必须使用我们的产品，哪怕赔钱再多，他也会找我们。"

"没有收到货，恐怕客户找我们企业的多，不找的少吧？"员工说："是。"

这就是没有客户思维、没有客户至上意识的体现。只要自己的工作不出差错，后面发生的事情对企业有何影响，从来都不是普通员工考虑的事情。这种心理要不得！实施流程管理必须转变员工的落后观念，把客户至上意识植入全体员工心中。

图 3–6 是课堂现场设计并修改的《发货流程图》，学员最初设计的活动到"安排发货"结束，没有跟踪到货情况，更没有出现"客户"这个岗位，当然也没有客户活动。读者可以比

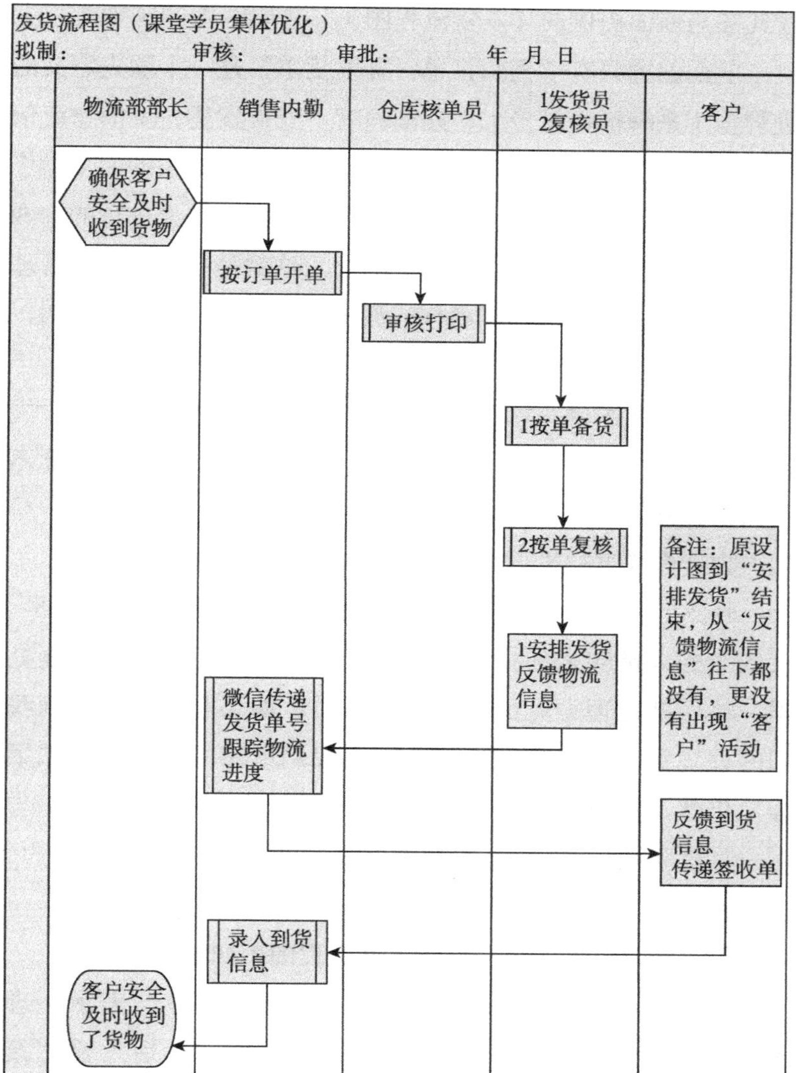
发货流程图（课堂学员集体优化）
拟制： 审核： 审批： 年 月 日
物流部部长
销售内勤
仓库核单员
1发货员
2复核员
客户
确保客户安全及时收到货物
按订单开单
审核打印
1按单备货
2按单复核
1安排发货反馈物流信息
备注：原设计图到“安排发货”结束，从“反馈物流信息”往下都没有，更没有出现“客户”活动
微信传递发货单号跟踪物流进度
反馈到货信息传递签收单
录入到货信息
客户安全及时收到了货物

图 3–6 《发货流程图》

较此图与前面提供的《发货流程图》，看看两图的区别。

前面的图只有“查阅订单，开发货单”是一个预先定义的进程框（系统操作符号），此图只有“安排发货，反馈物流信息”一个是进程框（人工操作符号）。其实，真正的人工操作就是“安排发货”，“反馈物流信息”也是在线上进行的。两个图各有一个进程符号“与众不同”。这就是时代发展、管理进步的产物，也说明同样名称的流程图，其内容不一定相同，它一定有各自的企业特色。

另外，此图是一家药品生产企业的发货流程，故有两个岗位进行核单，体现的是“客户至上、生命至上”原则，因此不可为了流程简洁而减少岗位或减少两次核单。

为什么《客户投诉处理流程图》没有客户参与呢？

画图的员工说：“我们（负责投诉处理的技术或质量人员）接到业务人员转来的投诉信息，会根据不同情况给予答复处理，然后把处理意见反馈给业务人员。如果业务人员收到我们的处理意见后，没有再找我们，我们就完成任务了。如果客户仍然不满意，也会通过业务人员反馈给我们。我们不与客户直接联系，所以我画的客户投诉处理流程图就没有‘客户’这个岗位。”

笔者修改过的《客户投诉处理流程图》如图 3–7 所示。

很多员工对图中的一开始就是“接待客户”表示不理解，他们认为应该先从“客户投诉”开始，然后才是“接待客户”。

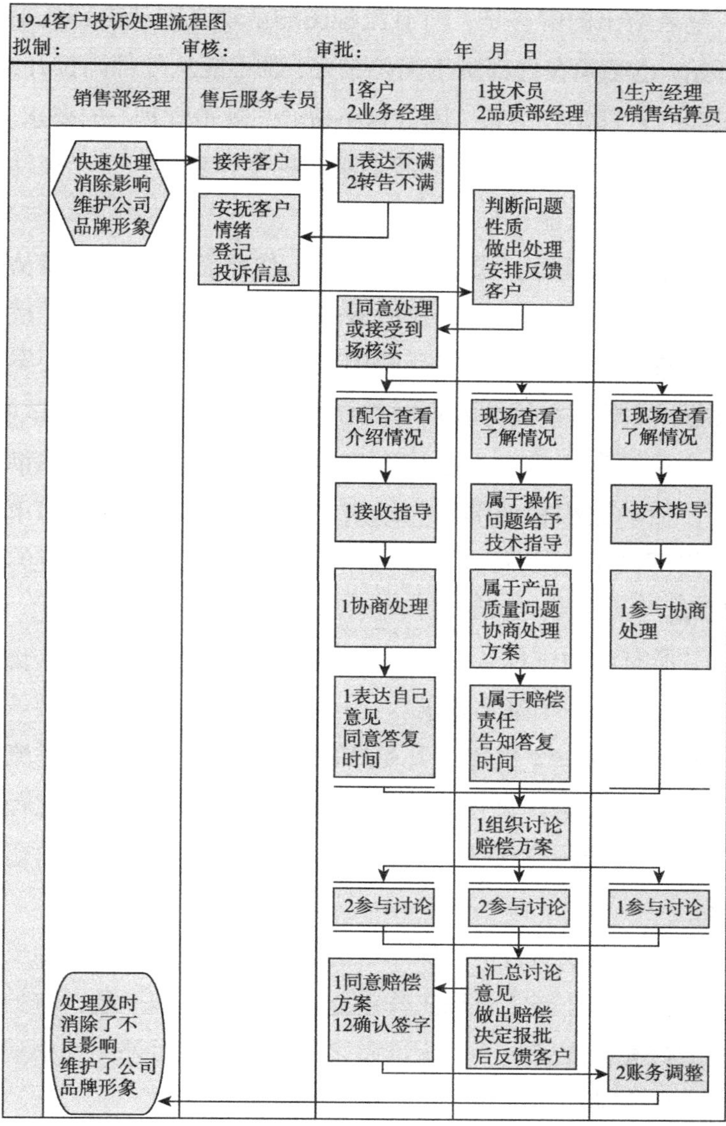

图 3–7 《客户投诉处理流程图》

笔者给出的解答是：所有流程图的活动必须从内部员工岗位开始，也必须在内部员工岗位结束，既不能从外部岗位开始，也不能在外部岗位结束（因为这不符合“规范管理”的要求）。如果从外部岗位开始，说明我们平时的工作就处在一个被动状态，工作中就可能手忙脚乱。

如果管理规范，员工时刻处于工作状态，做事就能从容淡定，不出差错。比如“售后服务专员”上班就做好了接待客户的准备，对客户可能反映的问题都有事先准备的预案或处理标准，那么在接待客户时就会胸有成竹、坦然应对。试问，如果企业没有安排专人接待客户投诉，客户反映问题找谁？另外，活动进程在外部岗位结束，表明工作没有真正结束，至少内部员工不知道结果如何，就无法回答同事或上级的工作跟踪。

“所有活动进程从内部岗位开始，在内部岗位结束”也是流程图设计的一个基本要求。

我们发现一个规律，凡是市场上称王的企业，都是流程称王（指企业运行流程在同行中效率最高）的企业。流程内外皆通，市场响应快捷，流程称王，企业就能在竞争中超越同行。

凡是在企业运行中可能参与的人员都应该在流程图中反映出来，便于企业新人上岗工作就能迅速了解流程全貌，有的放矢地做好充分准备，不打无准备之仗。这样在对外交往中就能掌握工作主动权。

我们也梳理过了，经常出现在企业流程图中的外部岗位名称有：客户、顾客、用户、供应商、外协商、投标方、承包方、外协员工、求职者或应聘者、评审员、评审专家、外聘专家等。另外，对标负责人、银行职员、交警、律师也有可能成为流程图中的参与岗位。

第四章

掌握流程优化方法，向流程升级要效益

一、流程优化原则

1. 流程管理的八大原则

没有观念变化就没有流程优化。流程管理是对传统管理的反动，特别是对等级制管理的反动。因此，企业必须建立全新的管理观念，遵循流程管理的八大原则。

（1）顾客价值导向原则

这是流程管理最根本的原则。当今社会已由卖方市场彻底转变为买方市场，市场经济是顾客决定企业生死——忽视顾客的企业只有死路一条。“脸对老板，屁股对顾客”是“流程再造”兴起之前的普遍现象，这一现象在国内还没有得到根本扭转。这是因为不少员工还停留在“只对老板或上司负责”的状态。他们只看到眼前，是老板或上司决定他的命运，没有看到问题的实质——企业的产品或服务最终是否得到顾客认可才是问题的关键。

（2）企业价值增值原则

这是流程管理的核心原则。凡是为企业创造价值的活动就保留，反之就删除。低效流程要合并或改进，还要尽量挖掘潜力，让企业的高效流程增多。企业的所有活动必须在流程链上产生价值，至少要传递或保存价值，不能流失价值甚至破坏价值。

在企业管理活动中，研发与生产环节是流程增值最直接的环节，但是如果没有仓储、物流和销售到消费者手中的其他环节，前面的增值活动就根本不可能实现。由此可见，仓储流程、送货流程、销售流程等，它们或担当保值责任，或实现价值交换，都是流程增值最终实现必不可少的环节。还有诸如企业的监察、审计、安保环节，没有这些保值、防贬值流程，企业的生产成果或流程增值可能会大打折扣，甚至化为乌有。

（3）资源集中使用原则

传统管理将人、财、物分散在各个部门，信息资源也由不同部门的员工掌握，部门间人员借用费事费力，物品重复购买时有发生，信息重复收集经常出现，造成大量资源浪费、人力浪费。流程管理要求企业将分散在各处的资源视为集中的资源，不同部门的岗位员工能够随时调剂使用，能够资源共享、信息共享。

（4）信息现场处理原则

有人将此形象地比喻为“让听到炮声的人做决策”。将开展工作的地方设定为决策点，并在流程中形成控制。让开展工作的人员决策，把控制系统嵌入流程。瞬息万变的市场也要求给予一线员工快速决断的权力。用专业的人做专业的事，一次把事做正确。

（5）员工关系平等原则

实施流程管理必须淡化权力意识，打破等级观念。管理者必须懂得：员工不负责，是没有把责任交给员工。“管理得少，才能管理得好。”这之前是管理经验，未来会变成管理原则。进行流程设计有一个假设：岗位员工都是称职的。当企业用流程串联员工，员工遵循流程做事时，员工责任心会增强，工作能力也会随之提高。

（6）流程责任共担原则

流程团队成员必须对流程目标的实现共同承担责任，而不是“各管一段”。企业对流程责任的追究和流程效果的奖励也要面向整个团队。当然，这绝不是不分主次、责任均摊，而是流程活动的直接承担主体负主要责任，其他成员承担连带责任，确保团队成员都能主动对流程运行的最终结果负责。

（7）流程定期优化原则

随着管理的进步、员工能力的提升，或者技术更新、环境改变，甚至竞争对手的改变，都会对现有流程产生影响，流程设计不可能一成不变，流程管理也不可能一劳永逸，需要与时俱进，持续改善。为了保持企业快速反应能力或市场竞争能力，企业必须定期组织流程优化，防止组织僵化和员工懈怠。

（8）流程工具规范原则

实施流程管理，必须借助流程图软件，统一分析工具。为了沟通快捷、交流方便，企业必须统一流程图制作软件、统一各种制作工具，包括使用表单规范、用语规范、符号规范、格式规范，并保证与企业已经使用的 ERP 系统对接。

2. 流程优化十大原则

流程优化是流程管理的重要方式和手段，因此流程优化遵循流程管理的原则理所应当，不容置疑。流程设计有“务实、独特、简洁、高效”的 8 字准则，那么流程优化也应该有优化原则。

最初笔者提出的是流程优化 5 原则（详见张国祥著《用流程解放管理者》第 106 页）。随着笔者主导企业管理变革项目的增多，在企业实践中又不断补充、增加了新的要求，有的可以上升到通用准则。

经过深思熟虑，在保留原来流程优化 5 原则的基础上，又增加了 5 项原则，合起来形成新的流程优化 10 原则。

（1）高于现实原则

基于现实改善，但不允许囿于现实。以现实可行、发展有力为出发点，目标定得高一点，让员工跳起来够得着。囿于现实等于原地踏步，高于现实才能进步。

（2）借鉴标杆原则

别人都能做到，为什么我们不能做到？别人能做这么好，为什么我们不能做好？向标杆企业学习，增强员工的信心和斗志。

借鉴标杆不是照抄照搬，是在标杆企业的基础上借鉴创新。把借鉴标杆原则与高于现实原则和鼓励创新原则结合起来。

（3）鼓励创新原则

鼓励各种突发奇想的言论，鼓励员工大胆挑战现有的一切，允许员工大胆想、大胆讲、大胆画（创新设计）、大胆改（修改原有做法）。鼓励创新意味着包容失败，在优化阶段，对试错讲错的员工不打板子、不戴帽子（不处罚、不批评）。

有的企业定出这样的规矩："集体讨论吵够，执行不折不扣。"这是鼓励创新原则的细化。鼓励优化环节互相辩论、鼓励讨论会上激烈争吵，并且申明言者无罪，一旦决策通过，在贯彻执行阶段任何人不能说三道四。

（4）全员参与原则

没有全员参与的流程优化或管理项目为什么大多以失败告终？根本原因是没有发动群众，依靠少数人"闭门造车"造成的。流程优化是对企业运行活动的全面升级，涉及企业方方面面、涉及企业全体员工，没有全体员工的参与怎么可能成功呢？

全员参与能做到吗？是不是搞形式主义？笔者的回答是必须做到，而且绝不允许搞形式主义。全员参与流程管理创新理念和实施方法培训、全员参与涉及本岗位的流程设计讨论、优化讨论、试用期间的培训、实施前的培训与执行签字承诺。这些工作做起来很难吗？这些工作不做行吗？

（5）一次做好原则

一次把事做正确，此原则重点针对重复工作，就是要消灭重复工作，消灭层层请示层层汇报，为员工优化流程提供理论依据，与“岗位员工都是称职的”理论假设相呼应。

（6）专业专人原则

专业的人做专业的事，往往与“一次把事做正确”成双成对出现，此原则针对多人把关和毫无必要的重复签字工作，为使“照顾元老或所谓资深人士”的“面子工作”退出舞台提供强大的理论武器。

（7）打破传统原则

束缚员工思想的观点、束缚员工手脚的规定统统都要打破，改变被动等待、改变“事不关己高高挂起”、改变各自为政的做法，接受流程管理的新理念、新方法，学会用流程思考、按流程做事。当然，打破传统，不等于摒弃一切，优良传统必须继承。

（8）穿透部门原则

成立部门是企业管理摆脱农耕习俗影响走向规模化的开端，一百多年来，“部门设置”为企业进步和工业革命立下汗马功劳。正应了中国的一句老话“物极必反”，日益深厚的“部门墙”越来越成为阻碍工作沟通、影响工作效率的桎梏。打破“部门墙”的呼声日益高涨，打破“部门墙”的实践也越来越丰富。因此，穿透部门原则成为流程优化原则也就必须坚持，流程优化也顺理成章成为穿透“部门墙”的利器（责任从岗位到岗位，部门墙就破了）。

（9）缺一不可原则

缺一不可是流程优化的最高境界。管理学上的“氨基酸组合效应”用于流程优化非常恰当。组成人体蛋白的八种氨基酸，只要有一种含量不足，其他七种就无法合成蛋白质。当缺一不可时，一就是一切。企业在进行流程优化时，不妨大胆借鉴“氨基酸组合效应”,将可有可无的环节、可有可无的活动统统砍掉。

笔者曾在总裁班课堂讲的流程优化三原则（删除无效、合并低效、挖掘高效）就是“缺一不可原则”的细分表达。

（10）始终贯彻流程管理的基本原则

第十项原则就是始终贯彻流程管理的八大原则，故此不再解释。

前四项和第十项原则即原来的流程优化 5 原则，第十项原则为了便于大家记忆或转述，可以简称“贯彻基本原则”，在字数上也与前十项对等。

企业还可以根据自身需要增加或补充流程优化原则。

某企业流程优化的企业原则：

· 能一个人干的事，不用两个人；

· 能两个人干的事，不用三个人；

· 能让基层员工干的事，不用上级干；

· 能由下层管的不用上层管（能由主管处理的事不用处长管，能由处长管的就不用部长管，能由分公司定的不要集团批……）。

归根结底一句话：多产多销，不做亏本买卖！

二、流程优化方法及步骤

在企业实践中，完成所有流程图设计后，优化一级流程、二级流程很常见。既有可能增加部门设置，也有可能减少部门设置，或者合并部门，或者把一个部门拆分，调整到其他不同部门，也会增减岗位或合并岗位。有的岗位在流程图中只有零星的出场数，可以大胆删除该岗位，有的职责可以并入其他岗位，也可能减少或删除岗位。这些都需要优化调整一级、二级流程。只要一级、二级流程有调整，三级、四级流程也会配套调整。

我们还需要反向优化，四级流程优化之后，可能三级流程也要对应调整；三级流程变化大，一级、二级流程就有调整的必要。

在流程优化环节，合并流程图、删除流程图、增加流程图都是很正常的事情，没有调整才不正常。

笔者认真总结了多家企业流程优化的经验，归纳整理出10种流程优化方法。不排除随着实践经验的丰富，还会有更多流程优化方法产生。这10种方法在实践中既可以单独运用，也可以综合运用，更多的是综合运用。下面对这10种方法进行逐一介绍。

1. 图形美观法

优化流程从优化流程图开始。要做到流程图美观，在内容上必须符合做事的逻辑，美学上讲“简单即美”。如果流程图语言繁杂，图形肯定不美观；如果活动逻辑混乱，流程图的连线一定交叉不顺，甚至断线掉线。活动先后符合逻辑，连线清晰、一连到底，工作先后层次分明、责任岗位一清二楚，流程图就一定是美观的。简洁美观易于培训更易于执行。

2. 闭环自检法

对流程图的目标与达到目的能否首尾呼应进行自我检查，这个流程从开始到结束能否形成闭环。能够形成闭环，说明优化成功，否则要么继续优化，要么推倒重来。

3. 小组互动法

流程设计人员几个人组成一个小组，共同探讨流程图能否更简洁，还能不能再减少岗位或减少活动。几个人站在不同立场互相诘问，直至大家都挑不出毛病结束。或者发现仍然有不足，但这几个人无法解决，就记录上报由更专业更权威的人士处理。

4. 交叉优化法

企业内部各系统相互交叉优化。让生产系统的员工优化销售系统的流程图，让销售系统的员工优化生产系统的流程图。或者财务系统的员工优化销售系统的流程图，质量系统的员工优化财务系统的流程图。这也是换位思考的运用。

5. 标杆比照法

比照不是照搬，而是比较对照，取其精华为我所用。对比标杆企业的好做法，检讨本企业的做法，借鉴其经验、创造性地运用在本企业。标杆可以是行业内的先进企业，也可以是其他知名企业。本企业内部的先进单位也可以当作标杆学习。

6. 专家优化法

请专家主导流程优化。此法专业性强，有权威性，对突破传统、扫除落后势力障碍成效明显，能够快速建立所属行业领先的流程管理体系。但缺点是成本高，如果遇人不淑，风险也大。

7. 悬赏优化法

流程图已通过企业审批颁布试行后的优化方法。在试运行期间，公开征集优化建议，优化建议被采纳后给予现金奖励（通常按建议条数奖励）。如果有创新建议，即重新设计整个流程图被采纳，则给予重奖（至少是每条奖励的十倍或更多）。

8. 时间导向法

一切节省都可以归结为时间的节省。高效流程的主要特征就是快速反应。凡是可以明确时间的流程都尽可能按最佳完成时间设计。

9. 成本导向法

投入产出最大化永远是企业管理追求的目标，流程设计也不例外。承担流程责任的岗位人工成本要考虑，流程投入的整体成本也要考虑。投入没有回报或者回报极少的流程就要简化或合并。

10. 价值导向法

价值导向法与上述两个导向法不同，它不一定是减少时间，也不一定是减少成本，有可能是增加人员、增加投入。为了满足企业战略发展需要，企业在投入同比增加的情况下能够创造更大的价值，就是价值导向法。企业在处理顾客投诉上的投入、在咨询培训上的投入就属于价值导向法。

11. 流程优化 8 步法

现阶段企业进行流程优化需要成立项目组，需要组织流程设计小组，让部分员工设计，其他员工参与优化完善。

笔者在企业实践中总结的流程优化 8 步法，效果明显，值得推广。

第一步，设计师负责，完成初步设计；

第二步，征求流程涉及的各岗位员工的意见，使之具有可操作性；

第三步，设计小组优化讨论，使各流程相互衔接；

第四步，企业中高层主持讨论审核补充完善，确保不留运行空白；

第五步，企业负责人主持讨论审批，使之具有本企业的“法规”效力；

第六步，广泛开展宣传教育，使新的流程管理思想、方法深入人心；

第七步，全面试行，用实践检验流程优化的效果；

第八步，总结完善，将试行中反馈的问题进一步完善。

流程优化最根本的目的是整体效率最优。流程优化要达到“米格—25 效应”，而不是古人的“三个和尚挑水吃效应”。

米格—25 效应：20 世纪，苏联研制的米格—25 喷气式战斗机的许多零部件与美国的相比很落后，但因设计者考虑了整体性能，故能在升降、速度、应急反应等方面成为世界一流。所谓最佳整体，乃是个体的最佳组合，1+1>2。

一群平凡的人组成团队创造不平凡业绩的现象被管理学家们称为“米格—25 效应”。

三、删除无效流程

凡是认定对企业价值增值无效的活动统统删除。删除无效流程是流程优化过程中工作量最大的部分。

下面仅就中国企业比较普遍的无效活动无效流程进行举例分析。

1. 删除过多的签字

图 4–1、图 4–2 两个报销流程图最有典型意义。

附 1：报销流程图 1（企业决策分类之前的报销流程）

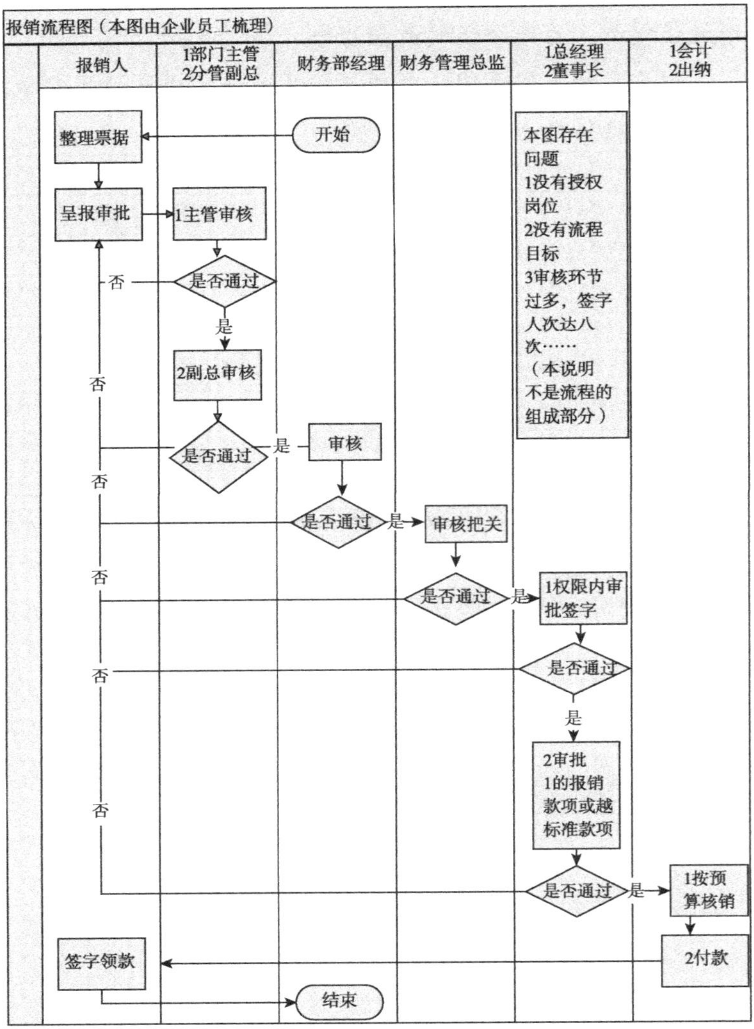

图 4-1　企业决策分类之前的报销流程

附 2：报销流程图 2（企业决策分类之后的报销流程）

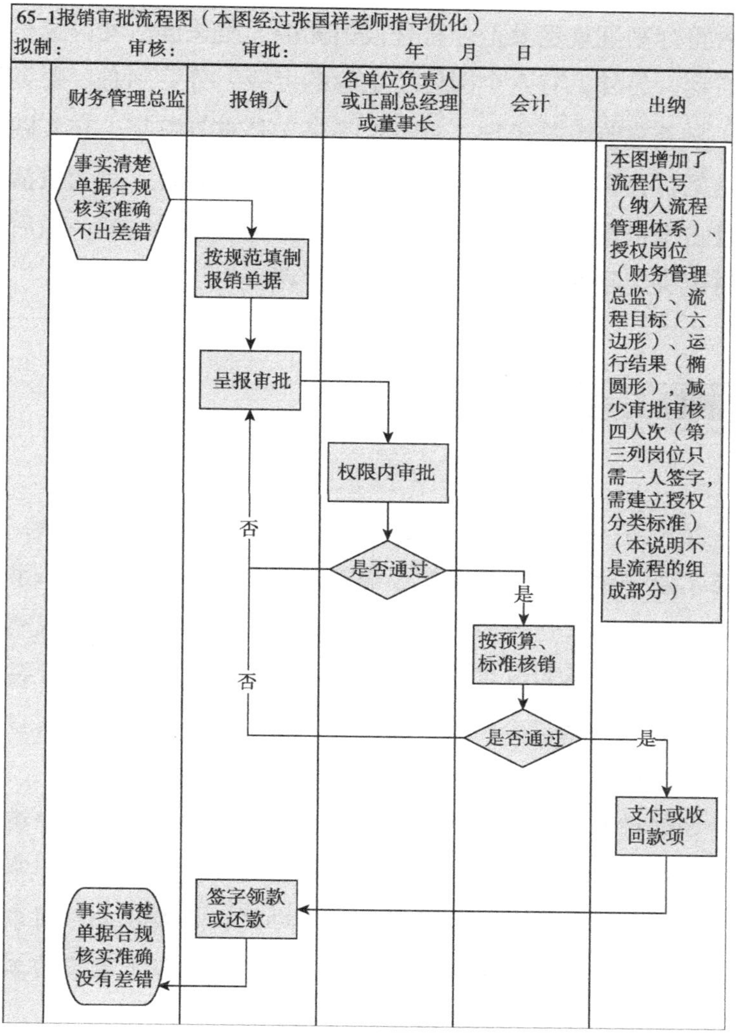

图 4-2　企业决策分类之后的报销流程

企业之前的报销签字环节多达八人次，经过分析发现，只有直接主管签字（确认是否应该报销）和会计签字（确认报销是否符合制度规定及是否符合报销标准）是关键活动，也是必要活动。另外，有六个岗位（主管的上级、分管副总、财务经理、财务总监、总经理、董事长签字）是重复签字，在实践中也是例行公事，属于跟随性签字，完全没有必要，是无效活动而且占用报销人过多的等待时间，也浪费自己的时间。最后大家讨论决定删除这六个岗位的签字活动。

2. 删除无意义的等待

2010 年 9 月，笔者多次发现总经理门外有人在徘徊，手中还拿着一堆单据。经交谈了解到：她们是 5 个分厂的秘书，只要分厂有急需用钱的申请或出差借款，她们就要过来找总经理签字，顺便把其他报销单也带过来。她们等候时间通常每人每月耗费 3~5 天，合计 5 个人一个月浪费 20 天以上，相当于 1 个秘书 1 个月时间白白耗费在往返跑腿和等待上了。

经过讨论优化，秘书只需要将当周单据按轻重缓急分类整理（附纸备注说明），然后由分厂任何过来集团办事的同事捎带交给总经理秘书，总经理秘书跟进办好，再委托分厂同事取回。彻底消除 5 个秘书的无意义等待，为她们节省更多的工作时间，也避免了专车往返造成的浪费。

只要留心观察，你会发现管理差的企业到处都是“等待的员工”：等待开会、等待下料、等待检验、等待上车、等待卸货、等待汇报、等待处理、等待答复、等待签字……

如果不能消除各种无意义的等待，等待企业的就可能是死亡。

3. 删除过多的请示

在讨论顾客投诉处理流程时，关于要不要给一线柜台员工直接处置拍板的权力分歧比较大。

一对夫妇（女的怀有身孕）对前几天买的一件衣服不满意（已经穿洗过一次），要求退货。

店员讲了公司规定（穿洗过的衣服按规定不能退货），这对夫妇根本不理会店员的解释，坚持退货。店员做不了主，电话请示主管（当时手机没有普及），主管也不敢做主，说要再向上级的上级请示。

这对夫妇没有耐心，认为店员在找借口敷衍他们，对店员好一番指责，店员都急哭了。旁边有一位顾客看不过眼，说了句公道话：“门店也不是小姑娘自家开的，你们不依不饶地为难人家小姑娘干什么？”

这下捅了马蜂窝，孕妇火大了：“关你什么事？”边说边挥手，“哪儿凉快哪儿待着去。”好心人一躲让，让孕妇手挥空了，重重地摔倒在地上，结果惨剧发生了：孕妇流产了。

企业赔偿9万多元才将事情了结。

退货，企业损失的不过一件衣服（进价不到一百元），层层请示导致矛盾升级，企业花了几百倍的代价才将问题解决。深刻的教训，让董事长做出了一个大胆的决定：以后，凡有顾客投诉，先赔礼道歉（奖励50元现金），再按顾客要求处理，而且不论顾客在公司旗下哪家门店购买。

让一线员工做决策，才能消除层层请示，快速响应市场变化和客户要求，企业的信誉和品牌也是无声的宣传，比花费重金做广告有价值。

做好预算和计划管理，职责划到岗位，建立例外处理规范，企业的各种请示可以减少80%或更多。

4. 删除形式主义汇报

形式主义汇报主要指八股文式的文字汇报、程式化的PPT月度小结、粘满照片的工作小结，报喜不报忧的工作总结。这些无助于推动工作，无助于问题解决，无助于管理提升，必须革除。比如一个早会摆5个姿势拍5张照片，就可用于一周的汇报图片。写事故总结，只有积极拯救火灾的英勇事迹、没有发生火灾的责任追究。写工作总结，只有内部进步比例（没有具体数据），没有外部比较的自我吹嘘式的小结。比如去年发生四起火灾，造成损失 200 万元；今年发生一起火灾，造成损失 4000 万元，也能总结成火灾比例下降 75%；安全事故去年 8 起（没有等级工伤），今年 4 起（都是等级工伤，其中一起重伤），也敢说安全事故降低了 50%。

所有报告，要么用事实和数据说话，要么提出问题解决建议，要么说工作经验，要么说责任追究及防范措施，严惩形式主义报告提交人，要让形式主义汇报如“过街老鼠，人人喊打”。

5. 删除会议中的无效活动

首先，删除无效的会议，再删除会议中的种种无效发言和无用的形式。

如果我们把所有会议进行分类，除了保留必须召开的部门周会、月度例会，其他临时会议都取消，除非有明确的主题、有解决问题的措施，经过审批方可召开专题会。

不论例会，还是专题会都设计流程图，优化会议进程，删除无效环节，企业的会议可以大大减少，必须开的会议效率会大大提高。附两个会议流程图供大家参考。

附3：供应商等级评定流程图

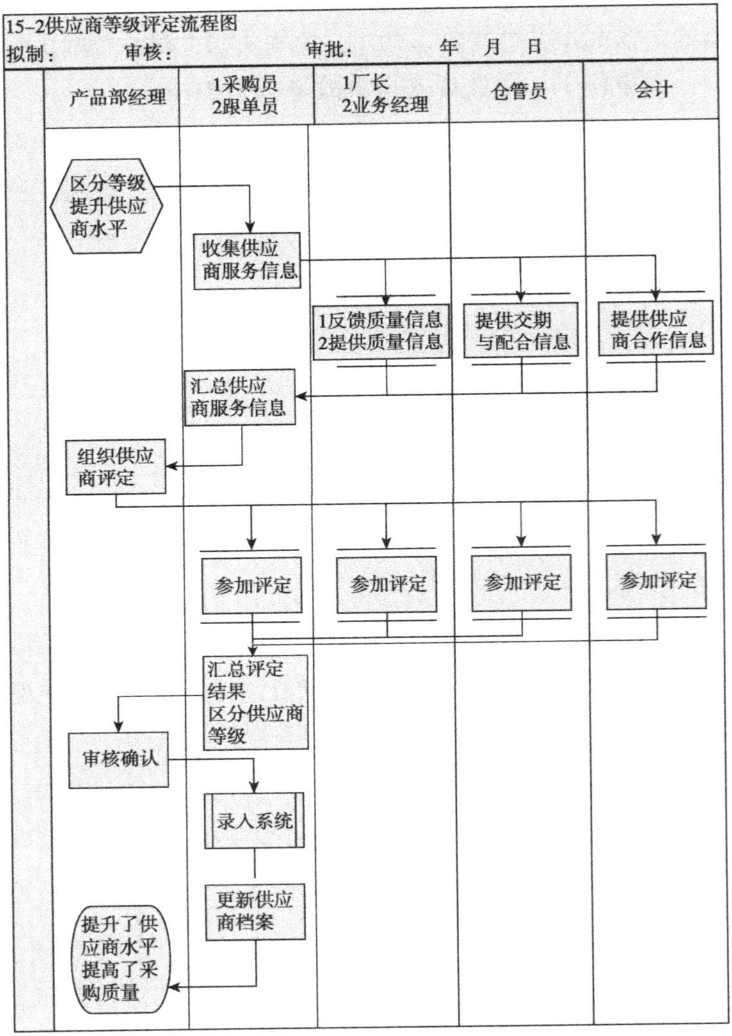

图4–3 供应商等级评定流程图

附 4：专题会议组织流程图

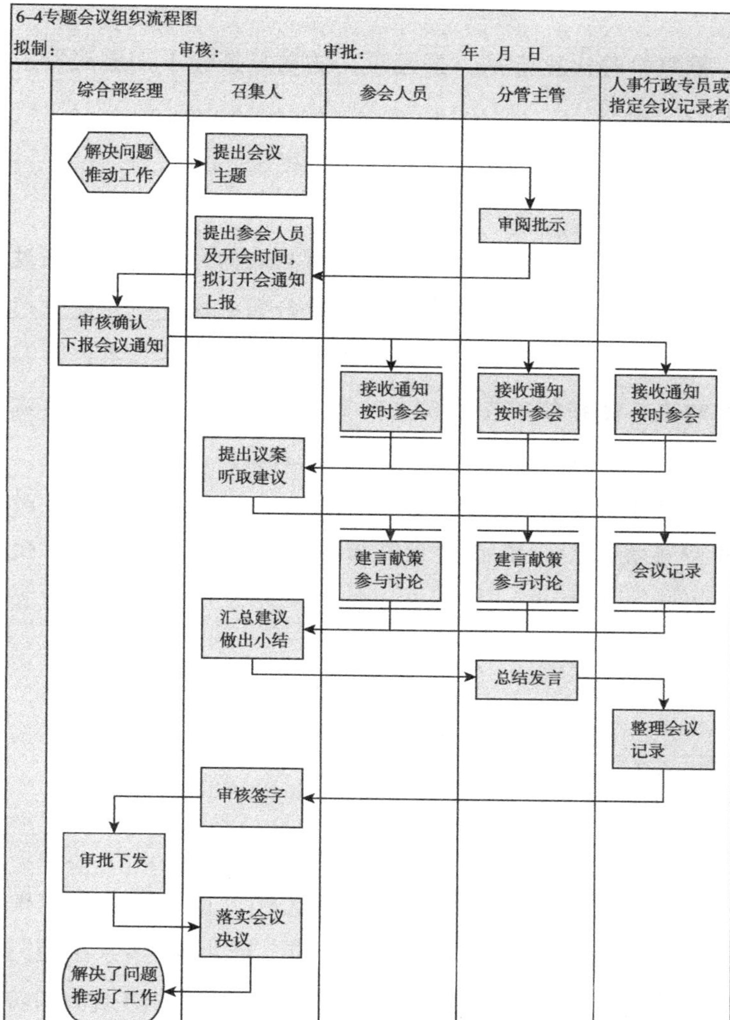

图 4-4　专题会议组织流程图

6. 删除无意义的重复查验

重复检验比比皆是，毫无意义的重复查验不知道浪费了多少人力、物力。

商品零售企业的重复查验似乎更突出。

有家企业，在流程优化之前，商品从入库到上架要经过七人次查验。配送中心收货员收货时进行第一次查验，发放门店时换人再查一次；货到门店后，专职收货员查第三次，防损员查第四次，防损经理查第五次；货到卖场，理货员查第六次，商品课长最后抽查，总共查过七次才上架。

经过半天时间的激烈讨论，只保留两次查验，入库时一次收货员查验，出库时发货员核查，到门店直接上架。仅仅人工成本一个门店一个月就节约了一万多元，还没有计算其间接收益。

7. 删除多余的岗位

这家企业商品收货派送流程的优化，直接帮企业砍掉了10多个大中型门店的专职验货员岗位，还为40多家小型门店的兼职验货员减轻了工作负担，也为所有门店的防损员和防损经理减轻了工作负担。

优化流程、删除无效活动，必然节省人手，那些无事可干的岗位只能在流程图中删除了，在现实中就可以减少用工成本了。

四、合并低效流程

找出现有活动的阻塞环节，合并分散活动，改善低效活动。将上级的工作转移到下级员工，将层层转手的工作集中到一个岗位，将后台决策转移到一线员工。

同样基于众多企业的调研诊断，发现企业可以合并的工作或活动真不少，特别是以下工作可以合并。

1. 合并会议

很多企业部门各自为政，各开各的会，各吹各的调，导致会议多，还不解决问题。

最常见的是生产系统开生产会议，从不主动了解销售人员的想法。销售系统开销售会议，也不了解生产订单进度。总之，客户需求、市场反应不能及时传达给生产系统员工，生产系统也只按照产量最大化生产，也不考虑客户需要，更不考虑库存多少，反正生产量越大，员工计件工资越多。结果客户需要的产品型号或规格没有货，客户不急需的货仓库堆成山。流程优化后，两会合并，改为生产销售联席会议，订单交期缩短了，库存降低了。

另外，公司总经理每月要开各单位负责人例会，人力资源部经理每月要开绩效分析会，各单位汇报的人不同，汇报的内容大同小异，也可以合并召开。

2. 合并计划

很多企业没有计划管理，有的企业有计划管理，但是分开进行的。销售计划、生产计划、资金计划、采购计划分别由不同部门不同岗位员工各做各的，导致生产与销售不匹配，资金与采购付款不匹配等问题，由此产生的计划调整、临时申请、会议协调接连不断，企业效率低不说，信誉也连带受损。流程优化后，企业增设了计划管理部，新增计划部经理、计划专员，综合统筹制订企业四大计划，不但资金运用效率提高，生产均衡也得到保障，而且企业对外交往的诚信也大幅提高，采购签约也顺利很多。

不少企业的培训计划、招聘计划等也是各单位各做各的，造成时间冲突、内容冲突的不少，浪费人力、物力，这些也可以合并。

附 5：安全生产周会组织流程图

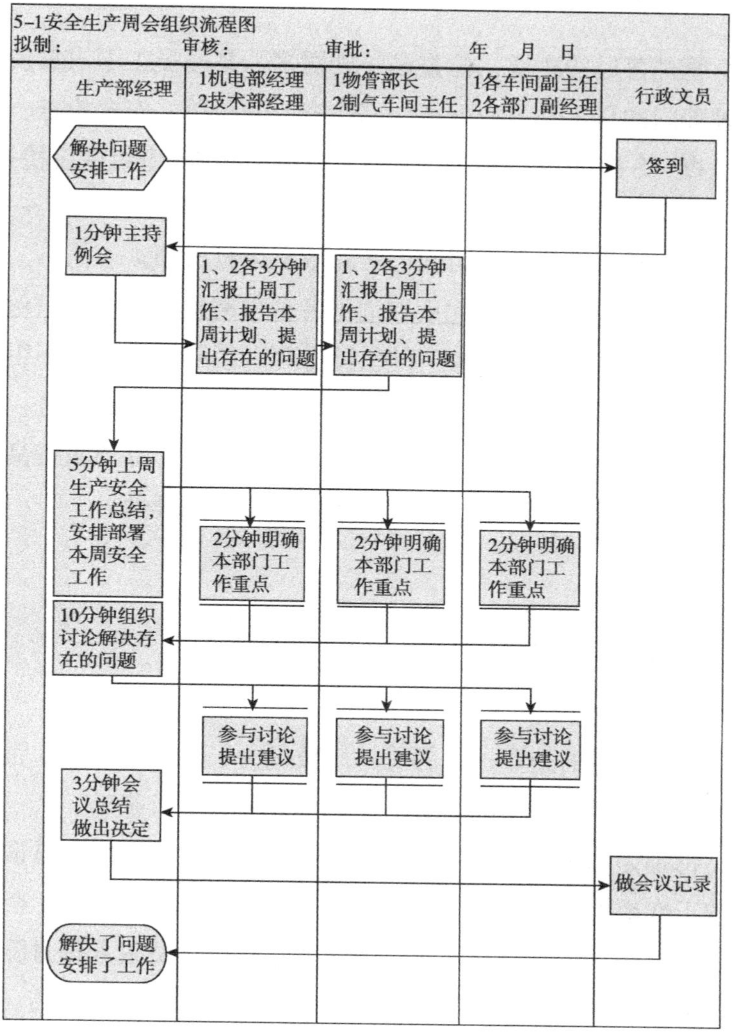

图 4–5 安全生产周会组织流程图

3. 合并检查考核

管理落后的企业，检查多、处罚多，基层员工不堪重负。管理部门的员工都有权下基层搞检查、开罚单。安全检查、环保检查、5S检查、劳动纪律检查、设备设施检查、班组建设检查、宣传栏检查等，派出检查的员工属于不同的处室/科室，一线员工应付检查占用不少时间，工作效率大打折扣。

有家企业，流程优化后取消了各种重复检查，每月只保留一次综合大检查（各处室/科室员工可以微服私访，但不得打断员工的正常工作），同时取消了现金处罚，改为加减分，与绩效考核挂钩。结果，企业的生产效率提升，产品质量提高，安全事故下降为零，各种违规违纪现象也大幅降低。

4. 合并总结表彰

管理落后的企业，干部员工多数是为了工作而工作，很少考虑工作目标或工作的意义，导致形式主义之风蔓延。

特别是各种总结，眼花缭乱的PPT占主流，不知道谁发明的工作要留痕迹，管理人员到基层都摆姿势、拍照片，甚至有人把接待多少领导都当作工作成果。各单位负责人每月除上报公司工作小结，还要配合各处室做总结，诸如安全总结、质量活动总结、技术革新总结、能源环保工作总结、员工集体活动（工会活动）总结等。做了很多重复工作，很多都是无用功，这些总结都可以合并。

同样，各处室组织的各种活动表彰也可合并进行，不要 1 日安全标兵表彰、15 日质量标兵表彰、20 日又搞技术革新能手表彰。

5. 合并信息收集、档案管理

不重视信息收集、不重视档案管理的企业不在少数，信息分别收集，档案分散保存，各自存储、相互保密的也很多，造成企业重复工作增多。

销售系统员工要做市场调查，技术研发人员也要做市场调查，产品质量管理人员也要做市场调查。这些调查多数可以合并进行，至少可以信息共享。

档案分散保存，要么增加工作不饱和岗位，要么无人保管，造成档案丢失或查找档案困难、增加查找时间，也是一笔巨大的浪费。合并档案管理势在必行。

6. 合并招标、采购

企业分散招标、月月招标的不少，有规模的企业天天招标也不稀奇。招标变成走形式，内部员工苦不堪言，外部人员怨声载道。

大的集团企业，不同业态的公司各设招标办 / 处，由于业务性质不同，同样为招标工作，有的招标办员工忙得团团转，有的招标办员工半个月或更长时间无事干。规模小的招标办业务少、业务不熟练，在招标中上当受骗的不少。

有家集团公司合并了相邻两个企业的招标办，经常招标的人员被保留下来，另一个业务少的招标办直接取消，用人也减少了。让大家称奇的是，业务多的招标人员接手被撤销招标办单位的第一次招标，就比原来的同类项目招标节省采购费用3000 万元。

小企业的零星采购费时费力，也需要合并进行。

有家企业员工为零星采购伤透了脑筋，被众人指责的采购员也满腹牢骚。原因是为了防止零星采购现金借款过多产生腐败或漏洞，借款审批签字环节过多。每当有零星采购时，采购员就要办理借款手续，借款手续要经过几个岗位签字，然后才去市场采购，让急用的人员一催再催，浪费了很多人的时间，耽误了不少工作。

笔者参与优化了这一流程，把原来的流程目标“防范资金漏洞，严格审批手续”改为“满足客户或生产工作急需”，同时增加采购员的预备金，省掉每次的借款活动，签约几家按月结算的供应商，零星采购效率大大提高，员工不满也大幅降低。

附 6：优化后的零星采购流程图

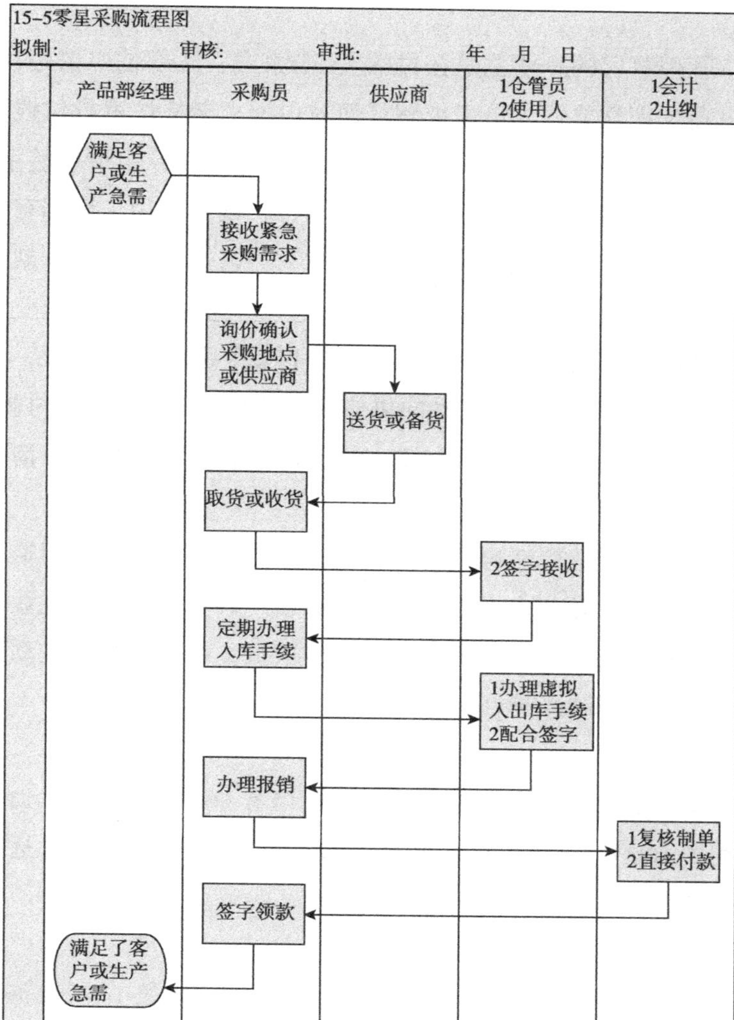

图 4-6　优化后的零星采购流程图

7. 合并付款审批

管理落后的企业总是在付款上“繁忙”：干部忙申请用钱，供应商忙催款要钱，员工忙解释何时付钱，老板忙审批付钱。有的老板几乎每天都要为付款操心、为一笔笔付款申请单签字。非如此不可吗？老板说：“不把控不行，钱不够用，谁都有权签字付款，企业就没有资金安排了。”一月批一次付款计划，实在不行一周批一次不行吗？事实证明：可行！

流程优化之后，企业按合同安排付款，到期主动转账，如果资金周转有困难，也主动向供应商说明情况，承诺下月付款。结果，企业每月并没有多付款，供应商催款少了，员工申请少了，老板签字也少了。

诚信的企业更能赚钱，更有钱花。为付款设置诸多门槛、增加再多签字环节也不能帮助企业省钱（其实是浪费了企业内外人员不少宝贵的时间）。合并付款审批，统一支付、主动支付，企业信誉越来越好。

二十世纪八十年代，福特结算部门有500位员工，他们打算减少100位。结果参观马自达以后，他们惊呆了：马自达结算部门才5个人。

他们决定把结算流程推倒重来。

之前结算用人工，牵涉多个部门，而且要查验14项数据，之后结算用电脑辅助，只查3项数据（订单、质量检验合格单、入库单），以前是见到“发票”才付款，之后是“见到货物就付款”。结果，最终结算部门减少了400人，远远超过减少100人的目标。

有人计算过，400人一年的人工成本就是1000万美金！

8. 合并岗位

前面介绍中已经出现好几处岗位合并或减少了。商品收货派送流程减少了岗位用人、招标办合并减少了岗位用人、福特的结算流程优化减少了400人，大幅减少会议，使得专门开会的副职全部取消（不设副职）。只要流程优化，就能发现企业可合并的岗位不少。

别看小企业用人不多，也有合并空间。比如人事专员与行政专员岗位合并，前台文员与培训专员岗位合并，司机与采购员岗位合并，送货员与司机岗位合并。

华东有家小企业，在笔者主导下，大刀阔斧地把100多人通过合并岗位、竞聘上岗减少了40人。一年下来，企业效率效益双提升，业务量增加了，利润也增加了几百万元，员工收入也大幅提高。更重要的是，企业风气好转了。

人浮于事，必定无事生非。工作不饱和岗位，一定要大胆合并或撤销。工作不饱和，员工总是无精打采；满负荷工作的员工，才有饱满的工作热情。

9. 合并部门

除了三级流程、四级流程的合并，也有一级流程、二级流程的合并。很多企业早就开始把计划和财务管理合并、把企管和人事管理合并、把能源和环保管理合并，并且探索出不少可借鉴的经验。打通“部门墙”是必要的，合并撤销部门也是可行的。

至于小企业设置组织架构本身就是按照别的企业（多数都是大企业）“依葫芦画瓢”，可以优化合并的空间也不小。100 多人的生产企业，笔者通常建议设三个部门：生产部、销售部、综合部。很显然，不与生产或销售有关的岗位都归到综合部，实践效果都不错。

10. 其他合并

全员建立企业思维，处处留心，持续流程优化，企业可以合并的工作还有很多。比如联合办公、合并出差、合并考察、合并用车、合并办公设备、合用会议室、合用接待室等，都能为企业节省大量资源，或提高工作效率，或减少浪费。

五、挖掘高效流程

集思广益，找出本企业员工最好的做法。大胆借鉴，吸纳本行业最优做法。鼓励创新，吸收员工的创新建议。挖掘团队的智慧，挖掘员工的潜力。全员参与，人人献计献策，企业的高效流程就会不断增加，低效流程逐渐减少，无效流程也会消失得无影无踪。

经过分析归纳，笔者总结了挖掘高效流程的 8 个途径，供读者参考。

1. 挖掘时间潜力

前面“合并会议”中有一个《安全生产周会组织流程图》，是西南某化工企业 2013 年优化设计的。

第一次优化把例会时间确定 33 分钟以内，也是反复讨论、反复演练的结果。之前设想的是 45 分钟周会，实际开会时间在 1.5~2 个小时，而且达成共识的会议少，不欢而散的会议多。

改成33分钟以后，对会议主持人提出了要求，会上讨论问题以时间画线，没有达成共识的，由主持人会上当场指定议题方案草拟人，限时拿出方案另行召开专题会讨论解决。会议上杜绝读报告、念PPT，只提建议性方案，然后与会人员一起讨论补充。

由于会议聚集当期问题解决，周会时间逐年缩短。2014年达到笔者提出的例会只开30分钟的要求。2015年，这个例会时间缩短到了25分钟。

别小看这3分钟、5分钟的改变，干部、员工的时间观念增强了，做事效率提高了，进而带来的是整个企业工作面貌、精神状态、做事方式的全面改变，整个企业运行效率提升就成了水到渠成的事情。

挖掘时间潜力在企业有着无限广阔的空间，规模越大的企业挖掘空间越大。

2. 挖掘设备潜力

受疫情影响，多数企业的经营效益下滑，但有家2020年亏损的物流公司却盈利了。

原因何在？在2020年的年度总结会上，物流公司总经理因为单位亏损，被集团领导点名批评，而且批评他们亏损是思想滑坡而不是市场滑坡，根本不给申诉的机会。物流公司总经理只有“狼狈”二字可以形容。

正所谓知耻而后勇，总经理回去后，在分公司全员会上首先做自我检查、自我批评，带头停发奖金。然后，大家群策群力，制订打翻身仗计划，扭亏为盈的办法真被员工们想到了。

他们充分挖掘了设备潜力，物流返程载货，多用回头车，业务也不再局限集团内部的物流发运，而是主动出击，招揽同方向业务，减少车辆空载，降低物流费用成了分公司盈利的“撒手锏”。

功夫不负有心人，办法总比困难多，思想上的懒惰最可怕。

3. 挖掘流程潜力

某集团公司报销流程的两次优化让流程威力彰显无遗，不仅在集团内部分/子公司起到了良好的示范效应，还在周边企业或同行企业引发连锁反应。

第一次优化报销流程是在激烈的争吵中完成的，争论的焦点就是只保留两个岗位签字行不行。在笔者坚持下，最后保留了直接主管和费用会计签字。试行三个月，证明可行，虽然也出现了40多个小问题（多贴了车票、数字写错等），但所有报销人反映：报销时间大大缩短了，而且不用再为报销找人签字跑腿，自己只要把报销单据递交部门综合管理员，一周之内就能收到报销款项，现在报销太方便了。

有人算了一笔账：过去一个员工用于报销所花费的时间平

均为一个工作日（财务部与各生产单位在不同地区），人均日工资超过 300 元，往返车辆油耗 25 元（20 公里 /3 次）。其他签字人浪费的时间不计。按 3000 人每人每月报销一次计算，优化后的报销流程可直接节省费用 100 万元，一年节省费用超过 1000 万元。

尝到甜头的财务经理乘胜追击，把试行期间发现的问题进行分类整理，专门组织参与报销签字的各单位主管、综合管理员、内勤人员、财务人员进行了三场培训，最后把会计签字报销环节也省掉了。即各单位主管签字，综合管理员直接上传报销单据封面给出纳，出纳照单打款给报销人指定账户。原始报销单据，由综合管理员择时集中转交会计。会计审核放在事后进行，发现虚报错报一律 10 倍补偿。会计的工作没有减少，只是改变了核单的时间，但对于报销人而言意义完全不同，当天报销当天或次日就能收到报销款项，体现了对员工极大的信任。

该企业正在进行第三次报销流程优化，打算取消主管签字，即报销人个人填单上传出纳，出纳即行按单打款，报销单据仍然由各单位综合管理员集中传递，会计事后核单，发现多报错报 10 倍补偿，出现弄虚作假（不论金额大小）一律开除。

其实，苏州有家企业，员工报销无需他人签字，自己填单就可以报销拿钱早已实行多年。笔者曾与一位从该企业（原为财务人员）出来创业的老板交流得知，她在企业三年没有发现多报错报的情形。信任员工是管理成本最大的节省。

为什么企业原先的流程有太多重复审核、重复签字？我们没有做事的标准，一切都要靠重复签字把关，把所有人绑定在一起，用“人海战术”防范企业风险。事实上，这样做的结果是防范了1%的风险，浪费了99%的效率，实践表明是一个得不偿失的举措。

4. 挖掘制度潜力

制度是企业管理最主要的工具，但是空洞无物不具操作性的制度又成了扯皮推诿的借口，特别是所谓的“部门职责”成了不负责任员工最大的挡箭牌。简化流程和优化制度紧密相连，才能成为企业挖掘潜力最大的推手。

很多企业的招标流程不仅没有起到提高效率的作用，反而成了拖延合同签约的借口。设置招标门槛本该优选优质供应商入围招标，结果成了招标人员暗地里收取好处费的机会。好不容易进行招标了，事后还迟迟定不下中标结果。老板或公司员工还要一一找招标单位负责人交谈，看看谁出价比招标价格更低。招标完全沦为形式。

当企业进行流程优化后，把漫长的谈判改为招标现场直接揭标、直接签约，把原来低效的招标制度进行了彻底的修改。同时，强力推进企业反腐败工作，把过去在招标、采购各个环节吃拿卡要的员工辞退处理，并且每次招标之前都向所有参加招标的供应商公开公示企业员工的廉洁自律承诺（附《招标会议组织流程图》）。

制度变了，流程简化了，效率提高了，采购价格也降低了，企业信誉也在逐渐恢复。

薪酬制度是企业可挖掘的最大的潜力源泉。

5. 挖掘标准潜力

一家零售连锁企业（国外也有不少门店）一直强调制度管理、流程管理和标准管理，强调流程优化和工作创新。实际负责企业运营的副总裁是位“85后”，他大胆优化采购订单跟单流程，把原来需要5人承担的跟单工作精简为3人负责，人员减少了，工作量并没有增加多少。其做法就是在优化工作标准时集体碰撞出来的。

企业的采购市场开发、供应商开发是专门的业务人员，采购跟单员负责签约供应商的下单。以前下单，需要各个跟单员拟订下单计划，几人共同讨论确定下单品种和数量，再上报商品部经理组织数据部经理、运营经理、门店主管等集体复核讨论，再确认下单量。

跟单流程优化后，下单量由跟单员自行决定，决定的参考依据就是企业的《商品订单下单标准》，跟单员根据每日门店销售数据和自己的综合判断下单，订单销量越多，跟单员绩效收入越多。当然，如果下单过多造成滞销，或者下单过少造成

附7：招标会议组织流程图

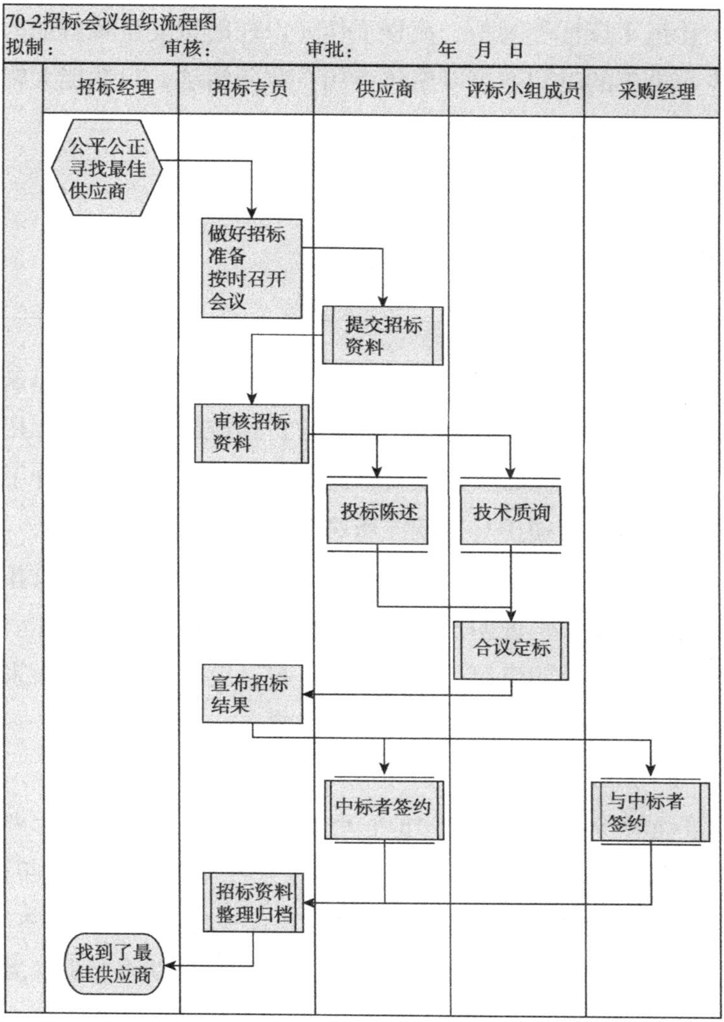

图4–7　招标会议组织流程图

脱销，都会影响跟单员的绩效收入。

让员工按标准判断、流程工作，以往的重复审核就能大大减少，员工的时间就可以聚焦市场、业务活动，自然能大幅提高工作效率，减少企业的用人成本。

6. 挖掘机制潜力

好的机制能够让平凡的人做出不平凡的业绩，好的机制可以让团队焕发活力。就用人机制而言，传统的“人选人”用人策略往往引发近亲繁殖甚至拉帮结派，如果任由上级主导下属的发展前途，溜须拍马也就在所难免。

是时候改变用人机制了，先锋企业 20 年前就开始改相马为赛马了，事实也证明赛马选拔比伯乐相马更能发现人才。人才也不用躺在马棚里等待伯乐发掘，自己就可以大胆走出来参加比赛、参加选拔，做自己命运的主宰。

华北某钢铁企业从 2018 年开始启用竞聘机制选拔干部，员工大展风采、挑战自我、接受挑选，年年都有新人脱颖而出，企业也不用再为安排“位置”发愁。真正搭建起“天高任鸟飞，海阔凭鱼跃”的宽广舞台。一个充满生机和活力的企业在周边地区、在行业内声名鹊起，大放异彩，为机制的好处又唱响了赞歌。竞聘机制的确立和运行，不仅仅是激发一两个人的

附 8：干部竞聘组织流程图

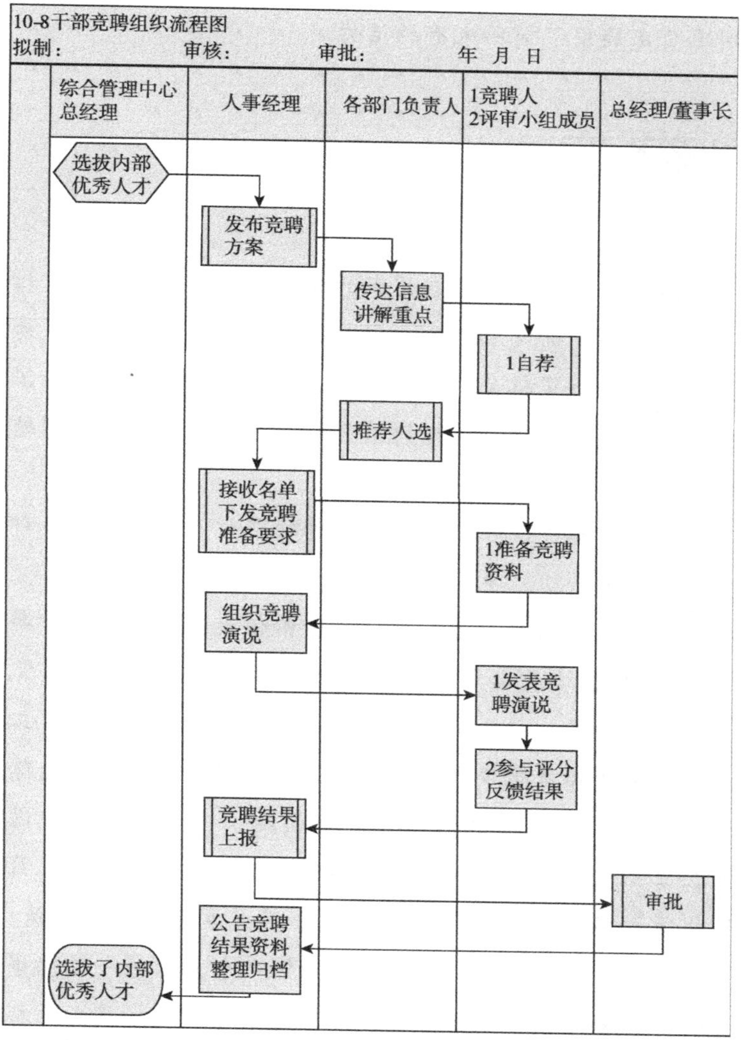

图 4-8 干部竞聘组织流程图

活力，还让企业全体员工都有了同台竞争的公平机会，让有志者看到了希望，让企业风清气正，靠实力说话，用业绩说话，让所有员工焕发了前所未有的活力。

7. 挖掘个人潜力

仍然是上一家企业，启用新的机制、新的薪酬政策，增加了公开透明的创新奖励办法，倡导鼓励创新的企业文化，为个人潜力释放提供了机会和舞台。改变了干多干少一个样，工作绩效与绩效工资挂钩，同样岗位可以有不一样的收入（用绩效说话）的情况。

任何员工都可以在做好本职工作的同时，参加企业各种兴趣小组、攻关小组、革新小组、流程优化小组等。

企业坚持价值导向原则，按创造价值大小论功颁奖。每月15日的月度总结表彰大会上，发放各种奖励超过100万元。员工收入增加了，企业的效益也增加了。笔者主张的“员工收入增加与企业效益同步增加”的薪酬策略得到了完美的诠释。

2011年，中央电视台播出一个新闻，吉利员工合理化建议为企业创效2亿多元人民币，其中出镜的员工讲，他上月的合理化建议奖金有7000多元，超过了其月度基本工资总额。

华东有一家企业，同事因为休产假四个月，另一位同事承担了她的全部工作。这四个月，这位同事每月的绩效工资都是自己原有额度的两倍或两倍以上，让员工的超额付出得到超额回报，员工的潜力就能被不断地激发出来。

人的潜能无限，员工活力无限。管理要做的就是激发员工潜力、释放员工活力，传统的“以罚代管”的简单粗暴方式应该终结了。管理不是和员工作对，管理不是扭曲人心人性，而是顺应人心人性。

在企业大力开展员工合理化建议活动，也是激发员工潜力的有效方法。香港置地文华东方酒店曾经生意惨淡，就是靠员工提的合理化建议活下来的。

我在《特别关注》上读到这样一篇文章《赢在最后十分钟》。说的是 2010 年被《福布斯》评为中国十家最佳酒店之一的香港置地文华东方酒店的发家史。开业初的文华东方酒店生意很差，简直就是生意惨淡。

在迎来开业后的第一个正月十五时，酒店将行业例行的半小时燃放烟花活动延长十分钟。就是这十分钟让更多人记住了东方文华酒店，生意日益红火起来，终于成就今天的辉煌。总裁回顾酒店成功的原因时说：“这是员工的功劳，在无路可走时，我广泛征求员工的意见。从员工中搜集起来的建议有上百条，我只不过从中选择了这一条——多放十分钟烟花。”

这个故事告诉我们，当企业陷入困境时，不妨倾听底层员工的意见，“高手在民间”这个说法并非虚言。

（摘自笔者 2011 年 10 月 31 日文章《流程优化与合理化建议之间的关系》，曾发互联网）

附 9：合理化建议实施组织流程图

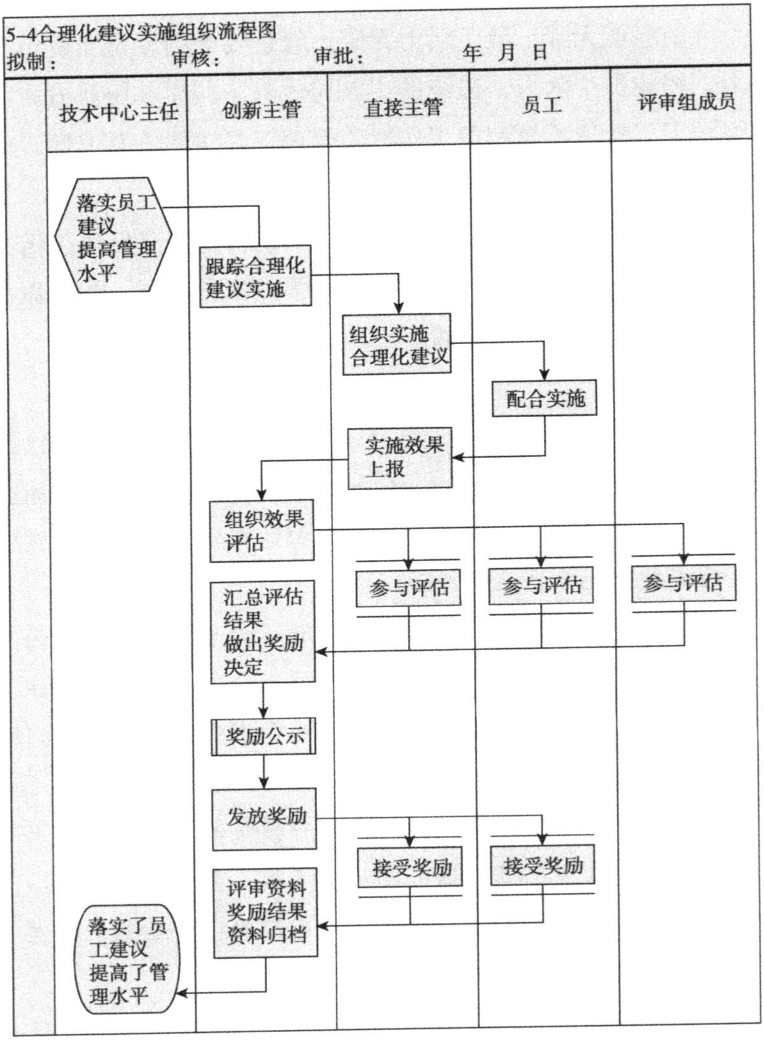

图 4–9　合理化建议实施组织流程图

8. 挖掘集体智慧

流程优化本身就是最好的挖掘集体智慧的方法，好的流程又反过来帮助集体智慧更好地服务客户、服务社会，甚至是服务全人类。

浙江奥康鞋业董事长王振滔先生曾经在中央电视台财经频道做嘉宾分享。他讲的 24 小时研发流程让笔者记忆犹新。奥康精品鞋设计不是一人完成，也不是一个国家的设计师完成，而是把一双鞋的版型、楦型、款式风格分别由中国、美国、意大利三个时差不同的研发团队承担，任何一位设计师都可以发起创意设计，创意设计获得评审通过后，就会由设计总监发布分组设计任务。每个团队都是 8 小时工作制，由于时差的关系，前后设计在时间上做到了无缝对接。24 小时设计出一个新款就这样轻松实现了。

听到这个案例的时候，笔者被深深地震撼了，当时击桌叫好：流程！流程！好流程的威力实在是太大了！好流程的威力奇妙无比！也就是在这个时候，笔者萌生了一定要让流程管理理论通俗易懂、方法简单易行，并让流程管理走进万千中小企业的想法。

六、消灭流程黑洞

1. 什么是流程黑洞

我们先说两个事例，大家再判断其中有没有流程黑洞。

事例 1：汽车制造厂员工偷车开出厂

此事也是中央电视台播报过的反面新闻。北方某汽车制造厂汽车总装车间员工，在事先找好买家的情况下，一天下班，他磨蹭到最后，偷偷开走了一辆装配线上的面包车。第二天统计前一天产量和入库数量，发现丢失了一辆面包车，车间主管选择了报警。

警方通过摸排调查、查看工厂几个大门进出视频，很快就从消防车专用通道上的视频中发现了丢失的面包车夹在两辆消防车中间出厂的画面。犯罪嫌疑人很快被锁定。他交代消防车出警也是其同伙故意报假警误导出车的，随消防车出门，巧妙地躲避了出门检查。面包车尚未安装座椅，故未入库，犯罪嫌疑人竟然是用几个纸箱当座椅把车开出厂的。

事例 2：某服装厂厂长经常开车带一箱衣服出厂

每天进出工厂车辆检查，门卫查员工不查干部，厂长经常带一箱衣服出去，开服装店都不用进货。厂长每次在生产线上把衣服装箱时，都有“合理的事由”，这些衣服需要外协厂返工，这些衣服需要改版，这些衣服拿出去让别人试销，但厂长从来没有开过出门条。

时间长了，员工都认为这就是厂长的工作。加上厂长深得老板的信任，也没有员工敢质疑。只是笔者在调研企业管理状况时发现整衣合格率太低，和老板沟通后引起警觉。后来通过竞聘，调整了厂长工作岗位后，才有员工说出之前的不正常现象。

大家认为上面的情形是不是流程黑洞，或者都不是流程黑洞？或许有的是、有的不是？

我们先给流程黑洞下一个定义，然后揭晓答案。

企业习以为常地重复进行的却不给企业创造价值的活动就是流程黑洞。

对照定义，以上事例的主角行为都不是流程黑洞，只有门卫检查才是。也就是说形式主义的检查才是流程黑洞。偷车、偷衣服都是坏人钻空子，是企业管理上的漏洞，但不是流程黑洞。因为偷窃行为不是企业习以为常的重复进行的活动，不是没有创造价值，而是窃取企业价值，是不劳而获的可耻行为，更是犯罪行为。

流程黑洞是我们缘于天体物理学上的黑洞理论而定义企业无效管理行为的。黑洞吞噬物资是看不见的，企业的流程黑洞也与此类似。流程黑洞无形中吞噬了企业的人力、物力、财力，我们却毫无知觉。因此，流程中人有责任大声棒喝：企业必须彻底消灭流程黑洞，否则从量变到质变，企业葬身流程黑洞就悔之晚矣！

那么，企业到底有哪些活动是流程黑洞？自己的企业有没有流程黑洞？相信读者更有判断力，因为你更了解自己的企业。

笔者毋庸置疑地告诉大家，以下行为绝对属于流程黑洞：

· 重复审核、重复签字；
· 层层请示、层层汇报；
· 工作中各种漫长的等待；
· 议而不决的会议；
· 各种扯皮推诿；
· 形式主义检查。

2. 如何消灭流程黑洞

（1）思想上重视

流程黑洞的种种行为在前面的分析中屡屡提及，在企业实践中大家是不是都真正认识到了其中的危害呢？

回答是不乐观、不尽然。

否则，为什么重复审核、重复签字，层层请示、层层汇报在为数众多的中小企业屡见不鲜呢？

为什么工作中各种漫长的等待、扯皮推诿随处可见呢？

为什么议而不决的会议天天上演、形式主义检查月月发生呢？

这是因为企业员工，特别是管理人员思想上不重视，认为大家都在这样重复做、大家都是这样天天等、大家都是这样装模作样搞检查，甚至认为自己不是最差的。

流程黑洞的各种行为，最后都可归结为形式主义。形式主义消磨员工的时间、泯灭员工的斗志、挫伤员工的锐气、损害企业的信誉，其危害不可胜数。

只有企业员工统一认识，把企业运行中的各种流程黑洞贴上标签、打上封条，用水泥封盖，彻底堵塞其产生的源头，才能从根本上消灭流程黑洞。

（2）负责人带头

流程黑洞的主要表现行为，无一不是企业中高层主导的结果。有句话说得好："流程管理是企业的自我革命，特别是革中高层管理者自己的命。"没有壮士断腕的决心和毅力，流程优化真的很难推行下去。

是等企业被流程黑洞拖死，自己再另寻出路，还是选择与企业一起浴火重生，凤凰涅槃，站上更大的舞台，发挥更大的作用，是摆在企业管理人员面前的必选题！

企业员工特别是管理人员的选择对企业未来的发展至关重要。流程优化成功，企业管理升级，企业所有员工都是受益者，管理人员无疑是最大的受益者。反之亦然。

把企业带向何方，让企业站在什么高度，更考验企业负责人的胸怀、格局、眼光。如果企业负责人痛下决心，振臂高呼：坚决消灭流程黑洞，齐心协力创建企业内部高速公路。相信广大干部员工一定会响应。

没有企业负责人的重视，变革会失败；没有全体员工的支持，变革会失败。如果企业负责人带头，上下一心，企业就没有什么变革是不成功的！

（3）制度上落实

前面讲的“用水泥封盖”是一种形象的说法，就是用制度堵塞各种流程黑洞。把企业制度中各种重复签字的规定改掉，所有签字实行专人负责。把各种层层汇报取消，运用信息技术或内部局域网上传工作汇报，企业员工都可查阅。把各种重复检查合并，企业内部每月最多允许一次综合检查。追究议而不决的会议主持人的责任，事不过三，发现议而不决的情况三次，会议主持人降职降薪。凡有扯皮推诿出现，一律各打四十大板，以儆效尤！在制度上坚决不给流程黑洞开口子。

（4）流程上砍掉

凡是我们习以为常的重复进行的却不给企业增加价值

附 10：某汽车制造企业调试零件调拨流程图

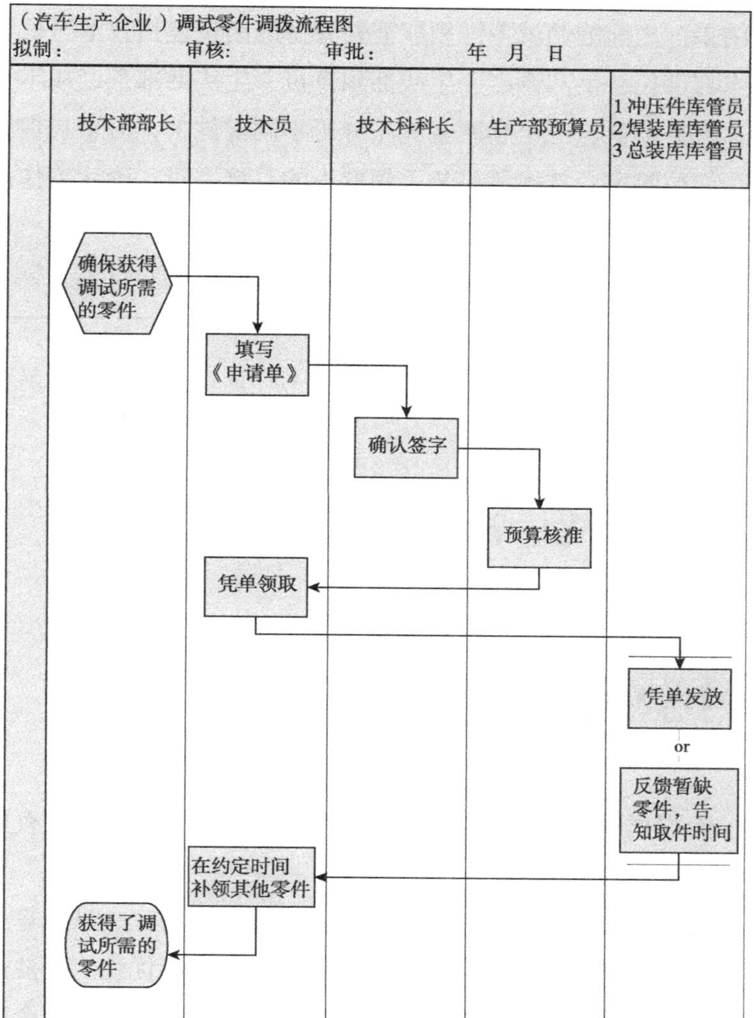

图 4-10　某汽车制造企业调试零件调拨流程图

的活动统统砍掉，前面分析众多，此处不再重复。

《调试零件调拨流程图》，是从10人签字砍掉8人签字的结果。之前的调试零件领取需要签字的岗位包括技术科长、技术部部长、生产调度、生产部预算员、生产部部长、成本会计、财务部长、三个仓库主管（分管不同配件），后来只保留两个岗位签字：技术科科长（领取人的直接主管，确认工作需要）、生产部预算员（核定零件价格，方便丢失赔偿）。

如此烦琐的签字环节被砍掉，有什么影响吗？没有，砍掉之后，企业更有效率！

七、没有最好只有更好

1. 流程优化永远在路上

流程优化只有起点没有终点；流程优化没有最好只有更好。

首次流程优化对于有志于长期发展的企业而言，只能算作万里长征的第一步，企业在试行过程中可能还会优化。企业进行年度工作总结时必须优化，企业规模扩张时必须优化，企业管理进步、员工有创新举措都可能需要优化流程。

首次优化结束，企业员工，特别是管理人员有必要再问以下问题：

· 制度能不能再精简？
· 流程活动能不能再精简？
· 流程数量能不能再精简？
· 机构能不能再精简？
· 岗位能不能再减少？
· 岗位能不能再合并……

只要有可能，就毫不动摇地精简下去。

2. 管控流程防范风险，流程升级无止境

某培训机构员工转述企业讲课需求：订货企业都要倒闭了，员工还在发货，一点风险防范意识都没有。希望老师讲讲如何运用流程管控防范经营风险。笔者回复，这可能属于客户分类管理没有做到位，没有发货标准，没有欠款预警流程。

这次沟通带给笔者一个深刻的反思：是不是流程优化之后，就真的能够杜绝企业所有的经营风险？

答案是不一定！流程优化可以帮助企业减少经营风险，但不能杜绝经营风险。

正因为经营企业有风险，我们才更应该规范流程，吸取别人的经验教训，避免走他人走过的弯路。如果没有流程优化，企业经营时时有风险、处处有风险。

如何管控流程、防范经营风险，是一个永恒的话题，对企业而言，流程优化永无止境。

笔者曾经反复强调：目标是流程的眼睛，责任是流程的灵魂，主导流程运行的永远是人！实施流程管理之后，企业运行就能畅通无阻、企业管理就能一劳永逸的想法千万要不得！

要防止流程僵化，防止员工懈怠，就得经常检讨流程运行情况，经常检讨主导流程运行的员工是否记得流程运行的目标。为了工作而工作，工作久了会乏味；为了目标而工作，目标越清晰，工作越有干劲。

有了高速公路，车开得更快了，但如果出事故，风险也更大。我们不能因为有风险，就不上高速公路甚至不开车。因此，上高速公路开车唯一正确的选择就是打起十二分精神，提高警惕，遵章行驶。如果路面破损、路标不清晰，我们就及时报警修复路面、更换路标。

流程管理无不如此。实施流程管理的企业员工唯一正确的选择就是按流程执行，并且全神贯注地执行流程，发现流程有问题也要立即报警修复（优化完善流程）！高速公路要定期检修，流程图也要定期检讨优化。

那么又有问题了，企业是不是增加一班人马，专门用来跟踪检查流程运行情况呢？的确有企业这么做，而且不在少数。但是，笔者坚决反对这么做！这无异于叠床架屋，徒增企业的运营成本，与流程管理的初衷背道而驰。

怎么办？笔者主张借鉴国外查验车票的做法，随机抽查，发现逃票者立即列入不诚信名单，让其未来找工作、申请贷款、购买大宗资产、出行旅游等处处受限。

门卫在下班高峰检查员工下班车辆，也是一项费力不讨好的工作。不查又不行，天天查也没有查出违规携带的。笔者的主张就是每天抽查，抽查对象不看人脸、不看车牌号码，根据车辆数量每10辆或20辆抽查1辆，省时省力，任何车辆都可能被抽查。万一查出违规携带公物出厂，一律辞退。

企业其他检查工作都可以如此处理，省时省力，效果更好。

3. 适时流程E化，融入数字化

流程优化绝不能止步纸面优化或字面优化，除了落实在行动上，还必须与信息化同步，用信息化的手段巩固流程优化成果。

比如取消所有的纸质报告，一律线上传递。各单位费用开支实行限额制，超过部分在线申请自动卡死。各种对外结算也在线上进行，没有合同匹配的付款一律卡死。取消人工打卡，改为人脸识别考勤，电脑自动统计员工出勤，取消考勤补签规定，杜绝作弊。取消人工过磅，采用电脑计量，杜绝弄虚作假。把机器人请进生产线，特别是总装或成品车间，让机器人计数、包装、贴标签，安全快捷不出错。

企业实行综合计划管理，以订单计划为龙头，让计算机自动匹配资金计划、生产计划、采购计划。各种生产统计，一律使用电脑实时在线统计，杜绝数据作假。

企业客户管理也引入计算机辅助分析系统，实时统计客户下单情况、发货收货情况、付款转款情况，实时统计客户订购产品规格型号，分析客户下单规律和产品偏好，让售后服务更有针对性、更加个性化。

凡是能够用计算机代替人工操作的工作都尽量信息化，减少人工操作、减少工作失误、降低企业成本。

流程适时E化，融入数字化，是下一个十年中小企业转型升级的必然选择。

4. 价值是企业的命脉

同样的车，在乡村土路上慢行，到了高速公路快行，油耗降低了，速度却快了。同样的员工，在流程低效运行的企业产出少，到了流程高效运行的企业产出却高了，人还是那个人，技能没有改变，绩效却变了，导致这种变化的是流程。这就是流程管理的魅力。

流程再造的鼻祖迈克尔·哈默说："企业创造价值的是流程，而不是部门。"这位管理先贤30年前说过的话，对今天的企业员工而言，仍然忠言在耳、醍醐灌顶！

价值是企业的命脉。没有价值创造的企业已经死亡，低价值的企业正在走向死亡。如果你的企业想健康持久地活下去，请立即着手优化企业流程，消除无价值流程、减少低价值流程、增加高价值流程，你的企业就能在不确定的市场竞争中脱颖而出，创造更大的辉煌！

第五章

责任到岗，把流程管理与绩效管理融为一体

一、删除“部门职责”，把责任落实到岗位

1.“部门职责”带来的消极影响

“责任分散”的实质就是人多不负责，责任不落实。“部门职责”恰恰就是“责任分散”产生的根源。一个部门这么多人，凭什么要我负责？结果，“部门职责”就给企业带来了如下消极影响：扯皮推诿、漫长的等待、没完没了的会议、层层请示、重复检查、有功争抢、有过推卸。

笔者研究发现，不应该是“部门职责”，只能是“岗位职责”。部门不能做事，岗位才有职责。在任何组织中承担责任的都是特定岗位的人，而不可能是某个机构、某个部门。企业只可能有部门负责人职责，而不可能有部门职责。

在一次企业例会上，由于产品出了质量问题，老板大发雷

霆，对品质部一番指责。品质部经理表态：“我们品质部负责，我回去要好好骂骂品质部这帮家伙（质检员）。”笔者正好在场，立即反问：“要骂也应该骂你这个经理，是你没有管到位，你骂品质部其他人有什么用？”

实践表明：“部门职责”成了不负责任者最好的挡箭牌。“部门职责”成了扯皮推诿的借口，“部门职责”成了逃避责任的避风港，“部门职责”让所有的人都有责任而所有人都不用负责！如果我们不将“部门职责”从管理词典中删除，我们就会永远受制于错误观念的束缚。如果工作职责不能落实到每一个具体的岗位，而让其悬在半空，那么职责清晰、职责明确就永远是一句空话。

2. 责任落实到岗位的作用意义

删除“部门职责”，把责任落实到岗位，才能彻底杜绝“责任扩散”的根源。把责任落实到岗位，好处多多。

（1）有利于流程顺畅

责任落实到岗位，可以消灭人浮于事、扯皮推诿，可以消除等待、没完没了的会议，还可以消除层层请示、多人签字、重复检查。消除模糊地带、去除一切阻碍，责任到岗，流程顺畅。

（2）有利于定编定岗

责任到岗位，还可消除冗员，定岗定编就有了依据。

（3）有利于论功行赏

责任到岗位，功过分明，还可以改变“有功争抢、有过推卸”的局面。

（4）有利于人才培养

责任到岗位，让每一位任职者清楚地知道自己的责任、知道自己的优势劣势，努力有方向、追赶有目标。企业也可以因此制订员工培养计划，方便因材施教、定向培养。

（5）有利于企业健康

删除“部门职责”，把职责划到岗位，企业组织运行的起承转合就有了连接点和结合点，哪里缺少人才，哪里有弱点，一清二楚，修补快捷，改善也有着力点，有利于企业运行的自我修复、自我完善。最终达到“人人有事做，事事有人管；人人做到位，事事都管好”的健康状态。

3. 把责任划到岗位的策略与方法

（1）消除“删除部门职责”的阻力

我们在导入流程管理的企业实践中发现，真正阻碍企业流程运行的恰恰就是那些当权者、企业的既得利益者。

一方面他们感到权力被削弱；另一方面他们只享受成果，不对错误负责的好日子就要终结了。因为流程管理把责任划分到了每一个岗位，责任分明，不再给上级随意推卸责任的借口。过去下属当上级替罪羊司空见惯，今后可就没有机会了。

怎么办？如何消除既得利益者造成的阻力？以下方法可资借鉴：

第一，给阻碍势力画像：自私自利、投机取巧；滥竽充数，经常浑水摸鱼；只想捞好处，不想做贡献；推卸责任的能手，争功邀宠的先锋；不学无术，擅长溜须拍马。

第二，给阻碍势力画线：要么悬崖勒马，要么自动请辞。积极投身企业变革，人人机会均等；顽固抵制变革，就是企业的公敌，人人得而诛之（口诛笔伐）。

第三，给全体员工画图：企业实施流程管理后，调整所有岗位的薪酬待遇，以岗定薪，用绩效说话，岗位公开竞聘，收入自己决定。

（2）把“部门职责”变成部门负责人岗位职责

消除阻力，立即行动。把过去表述为“部门职责”的工作责任改为部门负责人职责。只有财务部经理职责，没有财务部职责；只有生产部经理职责，没有生产部职责；只有采购部经理职责，没有采购部职责。具体方法详见后面《建立全新的岗位工作标准》。

（3）分门别类整理流程图中的各类岗位职责

前面设计流程图的时候，已经要求大家把所有职责划到岗位（工作分先后，责任定岗位）。流程优化之后，我们把所有四级流程图名称中的“流程图”三个字去掉，就是授权岗位（各系统负责人岗位）的职责，按岗位提取流程图中的流程活动或工作进程，就是主持岗位或参与岗位的职责。

分类整理流程图中各岗位职责的过程，也是一次学习过程，还可能成为又一次流程优化的过程。

二、建立全新的岗位工作标准

1. 岗位工作标准内容与呈现形式

如前所述，经过流程优化，建立岗位工作标准也变得简单，从指导做事的流程图中“找职责”，比过去挖空心思“想职责”容易多了。管理简单才是进步。

“岗位工作标准”应该起到如下作用：让企业员工一看，就知道这个岗位是干什么或管什么的，知道任职这个岗位的主观条件、客观条件，工作职责有哪些，工作中必须遵循的制度、标准、流程图有哪些，做好的标准是什么，履职结果的评价标准是什么。

企业进行职责界定的目的是“人人有事做，事事有人管”，职责清晰、工作规范、配合有据、协调有序、流程顺畅。如果采用传统的模块操作，将“职务分析”“工作描述”“职责界定”“任职资格”“工作配置”“工作统计”等分散构建，虽然管理者归类简单，但承担责任的员工却简单不了。

新员工想要掌握自己岗位的所有工作信息，需要花费的时间长、阅读的表格多，看了后面可能已经忘记前面，增加了员工成长的难度，也间接增加了企业的培训成本。如果用一张表格涵盖员工入职前需要掌握的主要信息，是不是可以提高新员工履职速度、降低企业培训成本？答案是肯定的！

我们以某企业人力资源部“人事专员岗位工作标准”为例，了解一般岗位工作标准的内容构成与格式要求。

从表5-1可以看出《岗位工作标准》主要组成部分有七项：适用范围、任职资格（主观条件）、工作配置（客观条件）、工作职责、遵循标准、标准要求、奖惩标准或考核标准。有了这些标准，企业招聘、员工入职培训、工作绩效考核等一览无余。这将极大地减轻人力资源管理者的负担，也能大大减轻全体员工的负担。

附 1：某企业人事专员岗位工作标准

表 5–1　某企业人事专员岗位工作标准

<table>
<tr><th colspan="5">人事专员岗位工作标准</th></tr>
<tr><td>适用范围</td><td colspan="4">在公司人力资源部负责招聘调配、劳动关系、人事统计、人事档案工作的员工</td></tr>
<tr><td>任职资格</td><td colspan="4">25 岁以上，大专以上学历，身体健康，1 年以上人力资源工作经验；熟练操作办公软件，具有一定的口头表达和文字表达能力、沟通协调能力、档案管理能力，能辨识证件真伪，工作认真细致，有良好的职业素养与团队合作精神，爱岗敬业，认同企业文化</td></tr>
<tr><td>工作配置</td><td colspan="4">办公设备设施齐全</td></tr>
<tr><td>序号</td><td>工作职责</td><td>遵循标准</td><td>标准要求</td><td>奖惩标准</td></tr>
<tr><td>1</td><td>负责招聘简历筛选工作</td><td>人力资源管理制度
招聘任用管理流程图</td><td>有分类，有记录，无延误</td><td rowspan="5">所有工作每出现差错或延误一次，扣当月绩效考核得分 1 分，或按制度规定或计划约定奖惩</td></tr>
<tr><td>2</td><td>负责新员工入职工作</td><td>招聘任用管理流程图</td><td>无差错，无延误</td></tr>
<tr><td>3</td><td>负责办理员工异动手续</td><td>员工异动管理办法</td><td>无差错</td></tr>
<tr><td>4</td><td>负责劳动合同管理工作</td><td>劳动关系管理流程图</td><td>无差错</td></tr>
<tr><td>5</td><td>负责人事统计工作</td><td>人事统计流程图</td><td>无差错，无延误</td></tr>
</table>

续表

6	负责人事档案管理工作	公司档案管理办法	档案齐全无丢失	
7	负责员工社保缴纳工作	劳动法	无差错，无遗漏	
8	负责员工公积金缴纳工作		无差错，无遗漏	
9	遵守公司规章制度	公司颁布的规章制度	无违规	每违背一项扣当月绩效考核得分 1 分
10	完成上级交办的其他工作	企业文化价值观念	按要求完成	未完成一项扣月度绩效考核得分 1 分

2. 如何标准表述岗位的适用范围

适用范围的界定要求：一句话概括岗位身份。让员工一看就知道这个岗位是做什么的或管什么的，起到身份识别的作用。

表达格式：在公司什么单位 / 部门负责什么工作。

举例如下：

培训主管：在公司培训部负责培训管理工作的员工。

人事专员：在公司人力资源部负责招聘调配、劳动关系、人事统计、人事档案工作的员工。

总经理：（在董事长领导下）全面负责公司经营管理工作的员工。

为什么我们不写总经理“在董事长领导下”？因为一级、二级流程图中均有体现。

为什么我们在岗位工作标准表里没有界定上下级关系呢？因为工作关系就是流程关系，员工关系在流程图中已经体现得非常清楚了，不必画蛇添足。当然，这也是为了淡化等级观念，让员工养成按流程协同的思维习惯和工作习惯。

3. 如何界定岗位的任职资格

界定要求：写出该岗位任职需要的主观条件，即任职资格，如年龄、学历、经验（或资格证）、知识、能力或技能、态度等，另加行业要求。

某企业培训主管任职资格举例：

年龄 20 岁以上；

大专以上学历；

2 年以上企业管理工作经验；

熟练操作办公软件；

具有良好的课件开发能力、授课能力、组织能力、计划能力、沟通协调能力、书面表达能力、演讲表达能力；

思维缜密，条理清晰，有强烈的目标感和时间观念；

熟悉公司产品，熟悉公司管理体系，具备企业思维和系统思考特质；

身体健康，爱岗敬业，认同公司的企业文化。

从人事专员和培训主管两个岗位的任职资格来看，“身体健康、爱岗敬业、认同公司的企业文化”是这家企业所有岗位任职的必备条件。

4. 如何界定岗位任职的客观条件

界定要求：说明满足该岗位工作需要的客观条件，即开展工作必需的设备设施配置，如办公设备设施齐全或工具设施齐全。

规范的企业有一个不同岗位员工上班第一天物品发放的标准配置表，目前写“办公设备设施齐全”或“工具设施齐全”即可（前指管理人员，后指操作岗位员工），待企业管理成熟之后，再细化标准配置内容。

巧妇难为无米之炊，不提供员工工作必需的条件，又要员工完成工作任务是不现实的。标准配置、主动提供，可大大节省员工到岗后的等待或申请物品的时间，也有利于缩短员工的上岗时间。

5. 如何归纳岗位承担的工作职责

如何确定岗位职责呢?

还得从企业战略目标分解开始，然后进行企业决策分类，再从组织架构设置到岗位配置入手，进行职能细分和流程梳理，才能搞清楚各岗位承接的事项和承担的工作。

进行过流程梳理和优化的企业，界定岗位职责比较容易。把流程图中与某一岗位对应的事项归纳起来，该岗位的工作职责就完成了一大半。再将本企业管理人员、一般员工的共性工作进行归类，个性化地划分到该岗位，其岗位工作职责就齐全了。

岗位职责的界定要求：写出该岗位主管或主办的工作，另加共性要求。

语言要求：动词 + 名词。不要用副词和形容词。不在“职责”事项中表决心。

某企业培训主管的工作职责举例：

①负责主管工作计划管理；

②负责组织制订培训计划工作；

③负责组织编写培训教材工作；

④负责组织新员工入职培训工作；

⑤负责组织在岗培训工作；

⑥负责组织内训师管理工作；

⑦负责组织培训考试考核工作；

⑧负责组织培训转化跟踪工作；

⑨负责培训档案管理工作；

⑩负责主管工作例外处理；

⑪ 遵守公司的规章制度；

⑫ 完成上级交办的其他工作。

其中，最后两项“遵守公司的规章制度和完成上级交办的其他工作”是所有员工的共性职责。

这个培训主管是没有下属的，所以没有培养下属及负责下属管理的职责。

表 5–2 是某企业设计部经理岗位工作标准，我们可以从中发现一些部门主管的共性职责。

附 2：某企业设计部经理岗位工作标准

表 5–2　某企业设计部经理岗位工作标准

设计部经理岗位工作标准	
适用范围	负责公司产品设计或产品开发全面管理工作的员工

续表

任职资格	本科以上学历，服装设计专业，年龄25~35岁，本行业5年以上服装设计管理经验。具有良好的沟通能力、谈判能力和市场分析能力及应变能力，具有良好的职业操守。了解面辅料的特性，了解服装制作工艺，熟练运用设计软件，思维开阔，想象丰富，富有创意，有敏锐的市场嗅觉，有强烈的目标感和时间观念，熟悉公司管理体系，具备企业思维和系统思考特质，身体健康，爱岗敬业，认同企业文化			
工作配置	办公设备设施齐全			
序号	工作职责	遵循标准	标准要求	奖惩标准
1	负责公司产品设计制度的拟订和贯彻执行	5 制度管理流程图	制度健全，无漏洞	发现制度缺失或漏洞，扣当月绩效考核得分1分，直到补充完善为止
2	负责工作计划管理	工作计划管理制度	有奖惩约定	按约定执行
3	负责样品设计管理	21 产品研发管理流程图 21-2 研发方案论证流程图	无差错，无延误	每发现差错或延误一次扣当月绩效考核得分1分
4	负责样品工艺管理	22-2 新工艺研发流程图 21-4 样品定型评审流程图 21-1 新技术引进流程图	无差错	每发现差错一次扣当月绩效考核得分1分

续表

5	负责样品制作质量管理	16–3 样衣生产确认流程图 21–4 样品定型评审流程图	质量一次合格	每因质量返工一次扣当月绩效考核得分 1 分
6	负责样品保管管理	16–7 样衣保管借用流程图 21–6 技术资料移交流程图	无丢失	每丢失一次扣当月绩效考核分 3 分
7	负责面辅料及样品开发管理	15–3 采购样品流程图 21–5 新面辅料采购流程图 15 采购管理流程图	无差错	每差错一次扣当月绩效考核分 1 分
8	负责版型开发管理	16–1 样板信息确认流程图 16–4 版型制作评审流程图 16–2 样板设计确认流程图	完成开发计划	未按计划完成一次扣当月绩效考核得分 2 分
9	负责样品展示及宣传管理	9 品牌管理流程图 9–1 品牌推广流程图 12–5 媒体宣传流程图 13 企划管理流程图	无差错，无延误	每发现差错或延误一次扣当月绩效考核得分 0.2 分
10	负责设计资料存档管理	6–21 技术资料移交流程图 22 技术管理流程图 16 制版管理流程图	无丢失	每丢失一次扣当月绩效考核得分 1 分
11	负责设计部员工安全管理	4 安全管理流程图 7 安全管理制度	安全零事故	发生安全事故一次扣当月绩效得分 1 分，并按制度规定处罚

续表

12	负责设计部员工的发展管理	3 培训管理流程图 4 培训管理制度	不断提高员工的履职能力	
13	负责设计部员工的绩效与薪酬管理	39 员工绩效管理制度 40 薪酬管理制度	无投诉	出现投诉一次查证属实扣当月绩效考核得分 1 分
14	负责主管工作例外处理	例外处理三原则	无推诿，无延误	每发现推诿一次扣当月绩效考核得分 2 分；每发现拖延一次扣当月绩效考核得分 1 分
15	遵守公司规章制度并负责在设计部员工中贯彻执行	企业文化价值观念	无违规	发现违规一次扣当月绩效考核得分 2 分，并按制度规定处罚
16	完成总经理交办的其他工作	企业文化价值观念	按要求完成	未完成一项扣当月绩效考核得分 1 分

那么企业各主管的共性职责，经过多家企业的归纳整理，我们发现应该有以下内容：

①负责组织制度拟订和贯彻执行；

②负责主管工作计划管理；

③负责系统目标制订并组织达成；

④负责本单位本部门成本控制管理；

⑤负责本系统员工的安全管理、人财物安全管理；

⑥负责本系统员工的发展管理；

⑦负责本系统员工的薪酬绩效管理；

⑧负责主管工作例外处理；

⑨遵守公司规章制度并负责在下属员工中的贯彻执行；

⑩完成总经理或上级交办的其他工作。

6. 如何表述岗位必须遵循的标准

界定要求：管理或从事这项工作应该遵循的标准（包括管理制度、操作标准、流程图等所有管理规范）（把标准名称和代号都写上去）。

这项工作内容要等企业管理体系设计完成之后再添加。因此，岗位工作标准的建立是一项系统而且耗时较长的工作。如果遵循的标准空白，也可以反过来证明企业的管理没有做到位，还可以据此找到未尽责的系统负责人。

前面展示的《设计部经理岗位工作标准》中填写的遵循标准（制度、标准、流程图）是非常详细的，读者可参考借鉴。另外，提到的“公司企业文化”是指企业文化价值观，包括例外处理三原则（对客户有利、对企业有利、对自己无害）都是员工应该遵循的标准。或者说这些是指遇到新情况新问题，没有制度标准可遵循的时候，就应该以企业文化价值观来判断或处理，而不能因为没有制度标准就放弃对事情的处理。

7. 如何界定做好工作的标准要求

界定要求：指标量化或用易于判断的事实表述。

比如 100% 完成目标计划，或无差错、无延误（这也是变相的 100% 准确，但是判断容易），或无投诉（虽然工作可能出错，但确定指标困难，就用容易被发现的事实判断）。

确定做好的标准要符合企业现状：如新员工招聘一次合格率达 90%，一次抽检合格率 99% 或更高，吻合企业现状，员工能够达到即可。

如果不能确定指标，也可以反向界定，如顾客满意度是无法确定的，用“无顾客投诉”作为标准就比较好判断，也有利于考核，超过一次即判定不达标。

做好的标准要求与后面奖惩标准或考核标准是关联的。

必须强调：不能把标杆当标准。这是因为标杆是少数人才能够达到的水准。定高了，做不到，容易挫伤大家的积极性。多数人能够达到，就有超越的可能，容易激发大家你追我赶的工作热情。

8. 如何设计岗位绩效的奖惩标准

界定要求：与标准要求（考核指标）对应，有一个指标就有一个考核标准。

比如指标 100% 完成，考核标准就是：每少一个百分点扣多少（得分或金额），每超过一个百分点就奖励多少（得分或金额）。

如果指标是“无差错”，考核标准就是“每发现一次差错扣多少（得分或金额）”。全月或全年无差错就要奖励，通常应该奖多罚少。

确定奖惩标准的意义：

企业招聘员工，给付报酬就是一种责任约定，做好是应该的，做不好呢？做不好仍然拿称职岗位的工作报酬，是不是让企业不堪重负？超额完成就应该多拿，不能完全履职就应该少拿，这才叫天公地道。

确定做不好的责任承担形式，就是约定绩效考核标准。做好才能拿到应得的报酬，做不好就应该减少约定的报酬。这一项内容是企业相关岗位员工共同讨论决定的，不能一人独自完成，经过相互比较，达成一致为止。

撰写岗位工作标准应该说不是一个人完成的任务，可以一人撰写草案，然后再组织讨论。

企业各系统负责人将前述内容逐项讨论完成，再分层次讨论、审核、审批。

企业要组织相同岗位或同级岗位进行权衡比较，不能让某些岗位过严，也不能让某些岗位过宽，企业内部宽严一致就行。同时，注意上下比较、左右比较，直至上下认同为止。

建立岗位工作标准的好处：

①对内吸引员工正向流动；

②对外招揽合适的人才；

③提高招聘成功率，缩短新人试用时间，降低培训成本；

④胜任岗位工作才能让员工有尊严；

⑤职责清晰才能让人才进得来。

三、责任划到岗位的判断标准：人人有事做，事事有人管

1. 人人都有事做吗

任何员工的成长都有一个过程，往往从知道要做什么开始；经过实际操作，才能基本做到；做多了，熟能生巧，达到做好的程度。即先知道、后做到、再做好。

责任划到岗位的第一个基本要求，就是让员工“先知道”自己要做什么。

岗位工作标准草拟出来之后，先让目前岗位任职的员工阅读，表与人对照，由人找职责。员工正在做的事情或工作，表

中没有体现，就要补充进去。表中有的工作自己不会做，那就讨论放在什么岗位合适。如果没有比这个岗位承担这项工作更合适，该员工就应该努力补充自己的短板，着手了解怎么做这项工作、学习做好这项工作的技能或知识。

有的岗位工作职责过少，企业任何人来做都不饱和，就有必要考虑删除这个岗位或把职责合并到其他岗位。

有的员工可能会觉得工作职责太多，将来工作吃力（也有人觉得吃亏）；有的员工觉得工作职责太少，工作起来没劲（觉得不被重视，怕别人瞧不起）。

希望多分担工作职责的好办，如果大家都不想承担过多的责任怎么办？

那就有必要给所有员工讲清楚：岗位职责只针对这个岗位应该做什么来设计，不针对具体的人喜欢做什么、不喜欢做什么。将来调整薪酬制度的时候，按岗位定薪酬，起决定作用的就是这个岗位承担责任的轻重或多少。

这是十多年前的事了，企业项目领导小组在审核高层管理岗位的岗位工作标准时，有一个主管副总对自己现任岗位的职责过多（超过20项）颇有微词，有一个分管副总对自己现任岗位的职责不多（10项）沾沾自喜。职责过多的副总要求调整（减少工作量），职责少的副总说这样很好（不必调整）。

笔者解释，这种不均衡可能是受到现任岗位承担人员工作分工的影响造成的。严格来说，撰写岗位工作标准需要与实际情况结合，但不必与现任岗位的人员分工一一对应，而是要着眼企业整体运行的效率和企业流程畅通，着眼于岗位应该承担的职责，而不是现在张三、李四承担的职责。

有一点必须事先说清楚，未来确定岗位薪酬标准与承担职责多少关联性最大，即职责越多可能工资额度越高，实际到手则由绩效高低调节。

笔者解释之后 ，二人都不说话了。等到进行岗位薪点评价时，职责少的副总不干了，主动要求增加工作职责。实际上还没有进行薪点测评之前（薪点评价方法讲课之后），主动要求增加工作职责的干部就多了起来。

因此，我们强调企业的所有变革工作都要发动群众，让全员参与。

2. 事事都有人管吗

大家还记得第二章中流程梳理的内容吗（表 2–3《企业运行主要事务工作排列表》）？撰写岗位工作标准时，要把其中无人负责的工作划分给特定岗位。

我们搞流程梳理的目的，就是以前没有人负责的事以后有人做、有人管，企业权责分类表或决策分类表的工作事项也要在岗位工作标准中体现。除此之外，制度授权、流程授权的工作事项也要在岗位工作标准中全部体现。这叫“由事找岗位”，也属于“事与诊断结果对照”，看看无人负责的工作现在落实到了岗位没有，确保事事有人管。

比如一家企业研发工作委托给高校科研机构，但企业没有专门的岗位对接，由签订劳务合同的人力资源部员工负责。后来，企业增加了研发中心，增加了研发中心主任、研发专员等岗位，有了专人负责，企业的技术创新工作才名副其实、名正言顺。

某企业的企划经理由于能力不足，拒绝承担企划方案拟订的职责。在明确企划经理岗位职责之后，经过竞聘，有意愿的员工成功竞聘上岗，理所当然地做起了企划方案。虽然刚开始做的方案不太理想，但是做过几次之后，该员工就成长起来了。

还有决策分类表中明确所有中层主管都有权对本系统员工的薪酬绩效管理负责，那么任何一个系统或部门负责人岗位工作标准中都有“负责本系统 / 本部门员工的薪酬绩效管理”这一职责。以后，员工每月的薪资奖金由系统负责人或部门负责人审批即可，不用再找老板审批了。

企业的门卫制度都有“保安负责车辆进出公司大门检查和人员进出检查的规定”，那么在保安岗位工作标准中就有“负责车辆出入检查”和“负责人员进出检查”两项职责。

企业《客户投诉接待处理流程图》中有售后服务专员“接待客户”的活动进程，那么售后服务专员岗位工作标准中就应该有“负责来访客户接待工作”职责。

撰写岗位工作标准必须充分反映流程梳理中发现的无人负

责事项、企业决策分类表中的所有事项、制度中的工作授权，以及流程图中的与岗位对应的流程进程（即该岗位的职责），直至所有的工作都有人管为止。

3. 新员工上班第一天，一图一表先见面

企业所有的《岗位工作标准》经过讨论补充、审核完善、审批通过之后，与企业的制度、流程图一起成为企业最重要的管理标准，也是员工工作的准则，必须让担任岗位的员工熟知。

我们在企业实践中总结的经验就是“新员工上班第一天，一图一表先见面”。这个“新员工”有真正的新员工，即第一次加入企业的员工，也有老员工，即第一次担任某一岗位（转岗、升职）的新手。

新员工上岗前一定要进行岗前培训，岗前培训的主要内容就是《岗位工作标准》中的内容。比如岗位工作标准中的任职条件有“认同企业文化”，那么培训专员就得把企业文化资料提供给新员工阅读。其岗位工作标准中的“遵循的标准”所涉及的制度、流程图、操作规程或工作规范，就是新员工要阅读的内容。企业培训专员要指导新员工阅读、要回答新员工提出的问题，包括帮助新员工看懂流程图。让新员工“先知道”，再明明白白上岗。

比如门卫或保安岗位，如果是按照《保安岗位工作标准》

中的任职条件严格挑选人员，岗前培训只需要看懂两个制度、两个流程图就可以上岗了。这两个制度是《企业门卫管理制度》《企业安全管理制度》，两个流程图是《来宾来访接待流程图》《车辆出入大门检查流程图》。

流程图让新员工一看就懂，就是合格的流程图。“新员工上班第一天，一图一表先见面”也与此有关。

新员工也是检验企业“人人有事做，事事有人管”是不是真正做到的试金石。新员工进来之后，由于不认识老员工，不了解企业的制度、标准、流程，在工作中遇到问题一定会问“这事该找谁”“这料找谁领”“这工具找谁借”“这事该向谁汇报”“这事能够向谁请示 / 请教”等。

如果老员工都能给出明确的答案，即能够告诉新员工要求协同的岗位人员，就说明企业真正做到了“人人有事做，事事有人管”。如果不能回答，把新员工遇到的问题记录下来，分类汇总，再找人集体讨论，把工作责任归属最合适的岗位员工，让“事”有人做或有人管。

在企业管理中，老员工特别是直接主管、人力资源部门员工要特别重视新员工反映的问题。新员工反映的问题就是企业管理改善、流程优化的最好引线。“旁观者清，当局者迷”就是这个道理。

四、责任落实到岗位的判断标准：人人做到位，事事都管好

责任划到岗位，是让员工“先知道”，责任落实到岗位，是为了让员工“能做到”。如果所有员工都能做到，并且持续做好，就可以说企业管理达到了“人人做到位，事事都管好”的水准。

13年前，笔者提出企业规范化管理要达到的标准是企业“人人有事做，事事有人管，人人做到位，事事都管好”时，遭到不少质疑。

当时笔者反问：

难道企业可以有人没事做吗（大家笑，因为人浮于事的情况很多）？

难道企业所有的事情不应该有人管吗（再笑，只有老板在管所有的事，别人都是能够少管就尽量少管）？

难道每个员工不应该把工作做到位吗（还笑，企业有几个能把工作做到位的？真是这样，老板还会天天骂人）？

难道管理者不应该把工作都做好吗（笑不出来了，心中开始惭愧：我们有那水平把工作都做好吗）？

你做不到，不等于别人做不到！笔者举了两个例子，看看别人是怎么做到的，然后再告诉大家如何达到这四句话所说的要求。

第一个案例，从未发生安全事故的合资厂。

一家合资厂生产电脑散热器，有注塑车间、焊接车间、组装车间，在标准工业厂房生产，一个车间一层楼，规模不大，三百多人。

笔者进厂半个月后，厂长告诉笔者一件事：他去外协厂时碰到天花板上的电风扇掉下来了（幸亏没有砸到人），想一想，我们厂这么多电风扇会不会有可能掉下来？万一掉下来砸伤工人怎么办？

我很快绘制了三个车间设备设施平面图，并全部编上号码。然后，召集三个车间主任及拉长、班长，把所有设备设施按编号分配到人，要求责任人每天下班整理时段进行检查，悬挂在空中的设备设施，如电风扇每周进行一次检查，每周检查表上交存档备查。由于厂长和我都以管理严格著称，员工也执行到位，工厂没有发生工伤事故。

笔者离开多年，仍然跟踪该厂的生产情况，十多年过去了，从未发生安全事故。

多年后，员工转述这位老板对笔者的评价："我请过多位行政总管，张先生的工资是最高的，但他管理期间公司的成本是最低的。"

笔者写出这个案例，有五个原因：

①责任到岗位，是一切工作落实到位的根本保障；

②制度健全并严格执行，企业离开了谁都行；

③笔者主张的取消罚款，以奖励为主的管理思想与此密切相关；

④因为生计，笔者对自己曾经"为虎作伥"（迫不得已的罚款管理）深感惭愧；

⑤这位老板向笔者提出的管理要求"把一元钱砸出最大的水响"成就了我的生动朴实、简单明了的成本管理观。

第二个案例，三千多人的工厂厕所没有异味。

三千多人的机械制造业工厂，厕所曾经臭气熏天，还充斥不少报废的产品零件（上报零件坏损要罚款，扔掉可以规避处罚，又是落后管理惹的祸）。

20 年前的三月份，老板和外贸经理出国参展前，笔者要求老板授权在公司推行 5S 管理，承诺一个月让工厂旧貌换新颜，迎接五月份广交会的外宾参观。

笔者在企业做行政经理时搞过一次 5S 管理，结果中途夭折。这次笔者先培训再实施，一个车间一个车间有针对性地宣讲，每场半天，总共进行了 15 天 30 场宣讲。

课讲完了，全厂都调动起来了。不到一个月，全厂都达到了预期目标：环境整洁亮丽、通道画线整齐、物品摆放有序、分类标识清楚，员工单位时间产量提高了，收入也提高了（工人主要实行计件制），红牌越来越少，安全事故下降。

大家都好奇笔者是怎样把工厂八个大厕所（每间蹲厕男女各30个）搞干净的？

笔者把定位管理发挥到极致，所有蹲厕编号，卫生整洁除臭打扫与邻近车间员工责任挂钩。厕所各有男女所长两名，负责每月轮流排班（蹲厕值日表）及每日卫生抽查。每个蹲厕指定一名员工负责，这名员工负责安排自己的老乡或同组员工每半小时轮流去一次厕所（员工变成了计划上厕所），不需要上厕所，也要去检查卫生状况（或者找需要上厕所的同事帮忙检查），并视情况冲水。

值日生保证蹲厕无遗留物，不形成黄斑、不残留污渍（搞5S时，我们从电镀厂找专人装几桶报废硫酸液回来彻底清洗干净，以后每周一次）。每个蹲厕不卫生一次，所长发现处罚值日生1元。全月无处罚再奖励30元（每月每人发30元辛苦费，意思是30天都做不好，辛苦费就扣完了，没扣就能拿60元）。

行政部员工检查发现不卫生，一次罚所长2元，全月无处罚，再奖励所长100元（所长每月辛苦费100元）。

守望相助，邻里互帮，左右蹲厕的值日生互相帮忙检查或清理，只要是上班时间厕所几乎全天候处于监控之中。

外宾来厂时，我们已经坚持了一个多月。好习惯养成了，卫生就能保持下去。一段时间，供应商或外协厂老板参观工厂厕所的络绎不绝，赞美之言不绝于耳。

这个案例给我们的启示是：人心齐，泰山移，责任到岗位，没有什么事情干不成。

五、把流程管理与绩效管理融为一体

1. 把流程责任与绩效工资挂钩

流程管理也是价值链管理，确保流程的每一个活动都有人做，确保流程的每一个活动都增值。这就是流程管理的本质。

流程活动没有人做，可怕；流程活动不增值，更可怕！

要警惕流程走形式（不生产价值），更要防止流程被曲解（造成价值损失）。那么，唯一的办法就是让流程责任与绩效工资挂钩。

也就是说，流程活动不做，你不能享受应该有的报酬（30元辛苦费）；流程活动出错了，不仅不能拿工资，还应该承担造成损失的 20% 的补偿。

2. 把流程管理与绩效管理融为一体

把流程责任和绩效工资挂钩还不够，企业还需要把流程管理与绩效管理融为一体。

绩效管理是企业通过绩效目标设立、达成、评价、运用、提升的循环管理。提升企业绩效就是增加企业价值，它与流程管理本质上是一致的！只是企业在引进这两个管理技术时，方法和侧重点不同，目的却殊途同归，都是提升企业的竞争力、价值创造能力、盈利。说白了，都是企业管理的方法和手段。没有必要分开，也不可能分开，融为一体是必然的。

其实，聪明的读者从本书提供的员工岗位工作标准案例中就可以看出，笔者已经把流程管理与绩效管理融为一体了。所有的岗位应该承担的流程活动责任在流程图中体现得淋漓尽致，在岗位工作标准中每一个活动能不能创造价值在表中的奖惩标准中也做了明确的规定。

岗位员工每月每天根据自己当月当天的工作完成情况评判打分，主管给下属打分也依据同样的标准。加分项，员工可以主动找上级申请；扣分项，主管与下属员工当面确认。月底每位员工自己统计绩效得分上报，主管核实汇总上交人事专员，就成了计算员工绩效奖金的依据。

每月前 5 个工作日，各主管根据员工的得分情况，进行上月绩效分析，总结成绩、找出差距，分析原因，制订改善措施，帮助下属员工改善绩效，帮助团队改善绩效。所有员工的绩效提升了，企业的绩效自然提升了。员工的绩效工资增加了，企业的利润也增加了。

3. 人人做到位，无效流程不攻自退

没有绩效的流程就是无效流程，形式主义活动就是无效流程，无效流程不能给企业创造任何价值。因此，也不应该给员工任何报酬。如果没有绩效考核和绩效分析，我们就没有办法区分员工有没有创造价值。所以，流程责任要与绩效工资挂钩。

本职工作不做、做错都应该扣绩效得分。非本职工作不做不扣分、做错要扣分，但是做好了，就要加分。因为员工创造了额外的价值，像员工工作之外打扫厕所卫生，不做不扣钱。承诺要做，做不好扣钱（1 元 / 天），做好了双倍奖励（2 元 / 天）。企业采取加分减分，还是采取奖钱、扣钱都没有关系，重点在于企业要分清员工流程责任大小、是不是本职工作。额外工作，原则上只奖励不罚款，或者奖多罚少。

试想一下，企业的工作总有员工职责之外的，员工主动做了没有奖励，做错了受罚，以后谁会主动做本职之外的工作？比如企业的“跑冒滴漏”是谁的责任？应该说大家都有责任，但大家都可以不负责任。

如果采取这样的政策：任何一个员工发现“跑冒滴漏”现象上报一次奖励 10 元，处理一处奖励 100 元。企业会出现什么状况？是不是有能力处理“跑冒滴漏”问题的员工睁大了眼

睛检查企业的设备设施？没有能力修复的员工是不是也会积极主动上报发现的问题？

企业存在的其他问题，我们也采取类似的奖励政策，在绩效制度中体现，在绩效工资中发放。企业的死角或无人负责的问题是不是可以快速上报或解决？

答案不言自明。这就是我们说的“人人做到位，无效流程不攻自退”的原因。

做任何工作，抓住问题的实质，着眼于企业改善，不走形式，都会对企业管理有帮助。发动员工参与企业管理，参与拾遗补缺工作，让企业管理无死角，并将其工作绩效与绩效工资或绩效奖金挂钩，不埋没员工的奉献，不打击员工的积极主动性，企业就能焕发生机和活力。

4. 事事都管好，绩效肯定好

2008 年某企业导入流程优化项目之后，全面实施规范化管理，职责划到岗位，标准因岗而异，重新设计了薪酬体系、绩效管理体系，梳理了企业文化。企业率先提出了“人人有事做，事事有人管；人人做到位，事事都管好”的管理目标。

将流程责任全面落实到绩效管理，企业面貌焕然一新。其中，企业价值观念中有一条“承诺就要做到”。企业这么讲，员工也这么做。只要企业有一个员工答应了顾客的要求，企业上上下下就想方设法地满足顾客的要求或解决顾客的困难，让顾客满意度一直保持在区域同行业领先水平。

员工人均绩效也远高于区域同行业水平，各级主管真正做到了事事都管好，让企业董事长、总经理无事可做。企业逐年发展壮大，其成长肉眼可见。

十几年转瞬即逝，这家企业现在的规模比当初扩大了数倍。

5. 从绩效分析入手持续改善流程

持续改善是为了让员工“能做好”，让企业发展更健康。如何知道员工有没有做好呢？答案很简单：看绩效。

流程运行的结果是绩效。所以，流程好不好，绩效来检讨。

如何通过绩效分析检讨流程运行状况，笔者的建议如下：

①员工有绩效扣分项，先检讨流程有没有缺陷。员工犯错80%是流程有问题。如果不是流程的问题，才找员工的问题。是能力不足，态度不认真，还是方法不得要领？再有针对性地开展员工培训，帮助员工改善技能、提高工作能力、提升职业水准。

如果是流程有问题，也要分析是流程本身有问题，还是执行流程出现了偏差。执行流程出现偏差好解决，流程本身有问题就要进行再设计或再优化。

流程本身有问题，是四级流程有问题，是三级流程有问题，还是一级、二级流程有问题，一定要追根溯源，彻底解决问题。

②比较流程优化前后的运行效率。优化后的流程比以前在时间上缩短了多少、成本上降低了多少、岗位减少了几个、活动减少了几个、创造的价值增加了多少。只有高效流程才能带来高绩效，判断流程绩效高低的标准就是人均产出高于或低于同行业。

③了解员工对流程的认知。了解员工是否知道这个流程的目标要求，即为什么要做这项工作或活动，它的目的是什么。让员工在执行过程中始终不偏离目标，即做正确的事，然后才是把事做正确。

这就要再说一说流程目标与流程结果。流程目标告诉员工做正确的事，流程结果让我们知道员工做事有没有达到目的，有没有形成闭环。流程目标就是定性管理，工作计划就是定量管理。

绩效分析既要进行定量分析，也要进行定性分析。让员工做事始终盯住流程目标，始终盯住企业战略，不偏方向，不忘初心。

6. 提高效率，换流程比换人更有效

企业管理人员，特别是老板抱怨员工素质低、能力差，总想着换人，总是幻想有空降兵加入，从而改变企业管理落后、工作效率低下的局面。

笔者还是那句话，是不是人才，有没有能力，主要看平台，

主要看管理。实施过流程优化的企业，员工还是那些员工（甚至人员更少了），企业效率却更高了，企业利润也增加了。为什么？因为流程优化把无效活动砍掉了，把冗余岗位砍掉了，把虚设架构砍掉了，把流程黑洞堵住了，把低效活动减少了，把高效活动增多了，人均产出自然就提高了。

因此，企业要想提高效率，换流程比换人更有效。

老板·创业			
一、经理人			
书名	**内容**	**书名**	**内容**
老总有想法，高层有干法 王清华　著	企业将、帅之间的定位问题、角色问题、方法问题、思维问题、管理问题等	**历史深处的管理智慧1：组织建设与用人之道** 刘文瑞　著	通过历史鉴照当今企业选人用人、二代接班人、创业团队管理等问题
历史深处的管理智慧2：战略决策与经营运作 刘文瑞　著	通过历史鉴照当今企业决策、战略规划、战略冒进、决策监督等问题	**历史深处的管理智慧3：领导修炼与文化素养** 刘文瑞　著	通过历史鉴照当今企业的领导修养、用权、管理风格等问题
老板经理人双赢之道 陈明　著	经理人怎么选平台、怎么开局，老板怎样选/育/用/留		
二、用人			
用好骨干员工 王敏　著	系统化分享关键人才打造与激励方法	**领导这样点燃你的下属** 孟广桥　著	领导者如何才能让员工积极主动地工作
让用人回归简单 宋新宇　著	帮助管理者抓住用人的要害，让用人变得简单	**激活新生代员工** 史量　孙斌　著	走进新生代的世界，一套行之有效的管理、激活90后、95后、00后的方法
三、转型·创业			
创业要过哪些坎 董坤　著	15年创业咨询经验总结的创业遇到的问题及办法	**高潜牛人** 董坤　著	创业和事业发展中如何找到牛人
成为下一个SaaS独角兽 崔牛会　主编	19位SaaS领专家，7个不同的视角总结SaaS行业实践	**创模式：23个行业创新案例** 段传敏　著	CEO社群23位企业家的思考与实践分享
重生——中国企业的战略转型 施炜　著	本书对中国企业战略转型的方向、路径及策略性举措提出了建议和意见	**7个转变，让公司3年胜出** 李蓓　著	企业估值、业务模式、营销、生产制造、客户服务、用户黏性、组织管理7个转变
企业二次创业成功路线图 夏惊鸣　著	五步骤给出了一幅企业二次创业经营突破、管理提升的成功路线图	**跟老板“偷师”学创业** 吴江萍　余晓雷　著	如何通过“偷师”学习与积累当老板的阅历
公司由小到大要过哪些坎 卢强　著	企业成长路线图，现在我在哪儿、未来还要走哪些路都清楚了	**跳出同质思维，从跟随到领先** 郭剑　著	66个精彩案例剖析，帮助老板突破行业长期思维惯性

续表

书名	内容	书名	内容
极速增长：企业扩张策略 董坤　著	以“8shoes扩张法则”为思考框架，帮助处于这个阶段的创业公司及以创业公司形式孵化的变革型项目做出清晰的战略选择		
企业经营			
经营打造你的盈利系统 高可为　著	选择最有效的经营策略，打造属于自己的商业模式	**中国企业的觉醒** 王涛　著	企业告别自私、野蛮，转向善良、爱，才会赢得消费者
成为敏感而体贴的公司 王涛　著	未来有竞争力的企业，一定是那些敏感而体贴的公司	**有意识的思考** 王涛　著	对头脑中固有观念保持觉察，从而超越它们的局限
简单思考 孔祥云　著	著名咨询公司（AMT）CEO创业历程中的经验与思考	**写给企业家的公司与家庭财务规划** 周荣辉　著	以企业的发展周期为主线，介绍各阶段企业与企业主家庭的财务规划
从10亿到100亿的企业顶层设计 刘建兆　著	重新定义企业成长方式，有效益、有效率、有效能、有效果、有品质的良性成长	**企业融资：投资人没告诉你的那些事** 杨军　著	资深投资人揭示融资“潜规则”，让企业有的放矢
宗：一位制造业企业家的思考 杨涛　著	发展20年营业额近亿元制造业企业家的思考与心得	**使命：驱动企业成长** 高可为　著	用大企业发展轨迹及企业家的心路历程，揭示企业成长的基因、做事的逻辑
让经营回归简单 宋新宇　著	战略、客户、产品、员工、成长、经营者的经营法则	**边干边学做老板** 黄中强　著	86个案例讲述中小公司成长过程中遇到的问题和方法
盈利原本就这么简单 高可为　著	跨越业务与财务边界，为企业提高盈利水平提供方法	**战略参谋：写出管用的战略报告** 蔡春华　著	企业对自己、市场、行业其实了解更深，助你高质量完成战略规划
不战全胜：给企业家读的孙子兵法 王吉坤　杨伟霞　著	从《孙子兵法》提炼和总结了帮助企业打造行业龙头品牌的体系	**公司离不开的全栈运营高手：产品运营与推广获客** 王虎　著	涉及运营案例、思维理论、实操复盘、管理方式、推广策略等，是作者八年运营推广经验的浓缩

续表

书名	内容	书名	内容
公域引流　私域经营：这样经营用户关系 王庆云　汪洋　著	为大中型企业提供私域建设的顶层和全景式框架，探索不同业务特性可能适配的不同私域模式	**平台生态：价值创造与价值获取** 彭毫　罗珉　著	厂商之间的竞争已经从产品转到平台，如何创造新的价值创造和获取模式，是企业最想得到的答案
合伙制经营：有效激励，而不丧失控制权 胡八一　著	重点阐述实施合伙制的流程，通过四步为企业家提供一种有效激励而不丧失控制权的工具和方法	**机制创造人才** 彭剑锋　尚艳玲　著	华夏基石专家团著作，为个体赋能，经营人成就人，进行机制创新和价值管理
企业高管经营课：觉察认知盲点，突破增长瓶颈 范桃根　著	65 个问与答，全面认知企业问题在哪里，避免盲人摸象；打破认知障碍，拥有解决问题的能力。附赠一套方法工具	**左手企业经营　右手资本运作** 周永信　著	"产业 + 资本"两手抓，融资、股权、公司控制……共同驱动企业利润、资产、市值、估值的成长
管理·管理学			
一、企业管理			
让管理回归简单 宋新宇　著	从目标、组织、决策、授权、人才、老板自己等提供方案	**管理的尺度** 刘文瑞　著	西医式的体检化验，又要施加中医式的望闻问切
管理：以规则驾驭人性 王春强　著	人性驾驭角度权度运筹安排的可兑现性，管理有效性	**看电影，学管理** 刘文瑞　著	十六部电影的解读，揭示电影内含的管理之道
好管理　靠修行 曾伟　著	从佛法、道法思想中寻找管理智慧	**公司大了，怎么管** 金国华　著	成长型企业发展中的共性问题，通过案例实录解于
低效会议怎么改 王玉荣　葛新红　著	从梳理公司会议体系的层面改变低效会议的现状	**年初订计划年尾有结果** 郭晓　著	总结七步落地方案让战略计划切实落地实现
分股合心 段磊　周剑　著	围绕股权激励，详细介绍相关知识和实行方法	**员工心理学超级漫画版** 邢雷　著	以漫画形式对组织中个体心理的全面介绍和深入探讨
让投诉客户满意离开 孟广桥　著	投诉法律法规，应对各种投诉技巧等提升客诉能力	**管理就是定计划，抓落实** 张国祥　著	员工"看了就会、拿来就用"的计划制订操作指南

续表

书名	内容	书名	内容
不读韩非子，怎么当老板 王春强　著	通过集中分析有关人性的内容，引导现代管理者更深理解人性是如何影响企业运行，以及管理者应如何因人性而实施管理	**重新想象组织** 彭剑锋　尚艳玲　著	华夏基石专家团著作，通过组织变革逐步进化，找到成长之道，让企业可持续发展
战略管理有方法 和恒咨询　著	结合中国企业实践总结的一套独创性、实操性的战略方法，100+工具轻松做战略	**高管如何为公司创造高增长** 彭剑锋　尚艳玲　主编	战略驱动着企业成长，企业又该如何突破增长的瓶颈
供应链管理改善咨询：案例·方法·工具 于晓光　许忠宁 赵玭　著	掌握供应链改善结构化方法，实现准时交付和低运营成本	**重塑竞争的市场边界战略** 张戟　著	选择与竞争对手不同的消费需求集合，通过独特的价值链活动，创造一个最有利的市场地位，让企业获得领先的核心竞争优势
二、管理思想			
管理学的奠基者 刘文瑞　著	近代以来的管理思想发展揭示管理思想的演化奥秘	**巴纳德组织理论研读** 郭咸　著	深度研读巴纳德《经理人员的职能》，帮你理解和看懂
管理学在中国 刘文瑞　著	科学看待管理学流入中国，对继承发展进行深入的阐述	**德鲁克管理学** 张远凤　著	以德鲁克管理思想发展为线展示20世纪管理学的发展
德鲁克与他的论敌们 罗珉　著	德鲁克与马斯洛、戴明等诸多管理大师论战的故事	**德鲁克管理思想解读** 罗珉　著	全面解构德鲁克思想的精髓与实践价值
治论：中国古代管理思想 张再林　著	深入分析中国古代哲学基本精神的基础上，梳理分析了儒法墨三家的管理思想	**流程经理10年案例笔记** 王焕东　著	用自身工作和生活中的鲜活案例及思考后的心得呈现不一样的流程管理思想
透过决策看组织 李慧才　著	对西蒙管理行为进行贴近企业的通俗化解析和阐释	**为什么高管爱读德鲁克** 王鹏　著	辅助深读德鲁克、提升管理认知
营销·销售			
一、企业销售			
大客户销售这样说这样做 陆和平　著	大客户销售活动的十大模块，68个典型销售场景	**向高层销售** 贺兵一　著	销售人员与客户高层打交道需要重点掌握的知识、技巧

续表

书名	内容	书名	内容
资深大客户经理 叶敦明　**著**	将大客户经理必须具备的规划、策略、执行三种能力运用自如	**成为资深的销售经理** 陆和平　**著**	让销售经理成功把握销售管理的6个关键点，并提供工具
销售是个专业活 陆和平　**著**	据客户采购流程拆分销售过程十阶段，讲解方法技巧	**学话术　卖产品** 张小虎　**著**	手机、电动车、家电、食品等消费品的一线销售话术
工程项目大客户销售攻略 陆和平　**著**	三十八讲循序渐进，全方位透视工程大项目拿单的奥秘，通俗易懂，看了就能用	**大客户销售谈判：获得利润的最快途径** 陆和平　**著**	从不会谈判到成为谈判专家，帮助你在与大客户的谈判中轻松说服对方，实现从一次成交、成本价成交到高价成交、持续成交的转变
二、企业营销			
新营销组织力 迪智成　**著**	适应最新数字化外部环境，系统化协同组织能力建设	**营销按钮** 老苗　**著**	讲述存在于人性及各个营销环节中的"按钮"
精品营销战略 杜建君　**著**	"精品营销战略"核心逻辑与营销组合策略	**360°谈营销** 王清华　古怀亮　**著**	营销是立体的，从不同角度观察不同企业的营销精髓
互联网精准营销 蒋军　**著**	互联网时代整体策划、包装品牌和产品	**招招见销量的营销常识** 刘文新　**著**	做好基本的营销动作都可以提高销量、降低成本
用数字解放营销人 黄润霖　**著**	用数字说话覆盖营销工作的方方面面	**用营销计划锁定胜局** 黄润霖　**著**	让营销计划落地，营销人员只需解决两个问题：基数与概率
新营销2.0：从深度分销到立体连接 刘春雄　公方刚 牛恩坤　等著	立体连接打通三度空间，在互联网时代诞生快消品领域的超级巨头	**中国营销战实录** 联纵智达研究院　**著**	51个案例，46家企业，46万字，18年积淀
弱势品牌如何做营销 李政权　**著**	产品与物流通道、服务通道、促销互动通路，提供方法	**解决方案营销实战案例** 刘祖轲　**著**	十大工业品作者实操案例解码解决方案营销
升级你的营销组织 程绍珊　吴越舟　**著**	根据企业的实际情况建立有机性营销组织	**孙子兵法营销战** 刘文新　**著**	理解《孙子兵法》原意的同时，还可体悟到营销之用
老板如何管营销 史贤龙　**著**	十六个招式，理论与案例相结合，高段位营销方法	**渠道管理就这样做** 陆和平　**著**	渠道规划和设计、渠道成员选择和寻找、渠道谈判和签约、管理渠道日常活动、设计渠道激励政策、解决渠道冲突、渠道的评估和调整

续表

三、品牌			
书名	**内容**	**书名**	**内容**
中国品牌营销十三战法 朱玉童　著	深度演绎最符合企业品牌营销策划的十三套实战战法	**中小企业如何打造区域强势品牌** 吴之　著	从如何建立强势品牌的角度解析扩张难题
小众战略：小资源打造强势品牌 吴修利　著	从品牌观念、市场调研、竞争机会、内部调整等角度，对产品、渠道、传播等核心原则进行了系统梳理	**把品牌建在顾客心里：4步实现品牌IP化** 张学军　著	让品牌自带话题，自主传播
四、营销策划			
这样写文案，就没有卖不动的产品 秦剑　刘安丽　著	术、法、道三个层面由浅至深培养商业文案创作能力	**洞察人性的营销战术** 沈坤　著	介绍了28个匪夷所思的营销怪招，大部分可以直接运用
双剑破局：沈坤营销策划案例集 沈坤　著	双剑公司8年来的实操案例，每个项目诞生过程、策划角度和方法	**社区团购就这么干：供应商•平台•团长•用户** 陈海超　杨顶刚　著	分享最新实践经验，一看就懂，照着就能做
企业案例			
鲁花：一粒花生撬动的粮油帝国 余盛　著	鲁花如何成长为优秀的带动农业产业发展的品牌，鲁花你一定学得会	**金龙鱼背后的粮油帝国** 余盛　著	以金龙鱼为脉的一部中国粮油行业的史诗
你不知道的加多宝 曲宗恺　牛玮娜　著	以时间为轴线，详细叙述了加多宝品牌的发展历程	**静水流深** 黄治国　著	作者在美的十五年对何享健内部讲话资料的整理
娃哈哈区域标杆 罗宏文　快车君 赵晓萌　寇尚伟　著	讲娃哈哈豫北市场如何成为娃哈哈全国第一大市场、全国增量第一的市场	**借力咨询：德邦成长背后的秘密** 官同良　王祥伍　著	德邦将自己积累的与咨询公司发展共赢的合作逻辑和盘托出
六个核桃凭什么从0过100亿 张学军　著	全视角深度解读养元企业的裂变成长，复盘十年蜕变轨迹	**像六个核桃一样** 王超　著	六个核桃为什么卖得这么好，产品畅销的6大要义36条简明法则
中国首家未来超市 IBMG集团　著	对乐城超市的掌门人及内部员工的采访详细阐释了乐城的经验	**三四线城市超市如何快速成长：解密甘雨亭** IBMG集团　著	甘雨亭的许多关键经营指标均高于行业标准，学习其成功的方法
集团化企业阿米巴实战案例 初勇钢　著	作者在某酒厂推行阿米巴经营模式的心得		
经销商			
新经销：新零售时代教你做大商 黄润霖　著	探访近100位经销商在传统营销手法上的创新，传统营销微创新和新营销本地化	**商用车经销商运营实战** 杜建君　王朝阳 章晓青　著	对商用车经销商的经营与管理、4S店运营做了全方面的总结

续表

书名	内容	书名	内容
跟行业老手学经销商开发与管理 黄润霖　著	从管理耐用消费品经销商角度提炼了48个代表性问题并给出解决办法	**快消品经销商如何快速做大** 黄润霖　著	经销商如何通过经营实现规模，通过管理实现规模效益
建材家居经销商实战42章经 王庆云　著	经营管理的心法和战法，帮助经销商成为“业务妙手”和“管理能手”	**成为最赚钱的家具建材经销商** 李治江　著	针对建材家居行业的经销商，从销售模式、产品、门店、市场等方面给出方法
白酒经销商的第一本书 唐江华　著	对经销商如何选择厂家、合作、运营品牌等问题给出建议	**快消品招商的第一本书** 刘雷　著	从招商理论到招商动作进行系列化分解，化繁为简
大商方法：榜样经销商与厂家的合作之道 唐道明　著	洞察厂商合作的核心，为经销商提供可行的方法，手把手教你做大商	**快消品经销商成功密码** 舟谱商学院　著	通过8个真实经销商案例，分享快消品经销商成功经验与方法
中小企业			
中小企业如何打造区域强势品牌 吴之　著	从如何建立强势品牌的角度解析扩张难题	**用流程解放管理者** 张国祥　著	8个板块构成，共66篇文章，14幅流程管理图
用流程解放管理者2 张国祥　著	对中小企业规范化流程管理进行系统的阐述	**弱势品牌如何做营销** 李政权　著	产品与物流通道、服务通道、促销互动通路提供方法
本土化人力资源管理8大思维 周剑　著	用最贴近中国中小企业现实管理情境的案例讲述周围人的“家事”	**中小农业企业品牌战法** 韩旭　著	农业企业需要全产业链视野，更需要品牌实战方法
门店管理			
门店销售冠军复制系统 王吉坤　著	门店型企业如何打造可复制的销售冠军系统	**新零售动作分解与实操：建材·家居·家具** 盛斌子　著	对泛家居行业趋势、店面管理、团队管理、促销推广、五感营销等提供策略
家具建材促销与引流 薛亮　李永锋　著	对泛家居营销执行模式和工具、关键环节等进行汇总	**建材家居门店6力爆破** 贾同领　著	产品力、导购力、形象力、推广力、服务力、组织力
家具行业操盘手 王献永　著	总结家具终端门店发展的现状及问题并给出策略	**手把手教你做专业督导** 熊亚柱　著	系统梳理督导的核心技能，岗位职责、工作流程及技能
手把手帮建材家居导购业绩倍增 熊亚柱　著	针对建材家居门店的业务人员，用案例故事还原场景教你成为好导购	**10步成为最棒的建材家居门店店长** 徐伟泽　著	梳理店长管理的核心工作职责、店面管理规范，帮助销售人员成长

续表

书名	内容	书名	内容
建材家居门店销量提升 贾同领　著	9个板块讲述建材门店一个单店如何做到经营的良性循环	**总部有多强大，门店就能走多远** IBMG集团　著	五大方向综合阐述连锁零售企业总部如何提升管理能力
赚不赚钱靠店长，从懂管理到会经营 孙彩军　著	注重专卖店的经营思路拓展、门店管理细节方面能力的提升	**新医改了，药店就要这样开** 尚锋　著	从药店定位的思考，内部和会员管理等方面探讨中小型药店发展方向
电商来了，实体药店如何突围 尚锋　著	新时代药店经营的三驾马车：药学专业服务、会员贴心服务和精准定向促销	**引爆药店成交率1：店员导购实战** 范月明　著	药店人的零售工作，怎样接待顾客，完善销售技巧
引爆药店成交率2：药店经营实战 范月明　著	从药店经营角度建立改善门店现状的实用标准	**引爆药店成交率：专业化销售解决方案** 范月明　著	从简单的拿药服务到提供多角度的专业解决方案
口腔门诊盈利倍增：精益口腔 杨伟霞　王吉坤　著	为口腔门诊定制业绩提升管理系统并落地实施	**门店店长业绩增长100%** 熊亚柱　著	将店长遇到的障碍一扫而空，通过一个个生动的案例故事解析，帮你成为管理型店长，不再东奔西跑地瞎忙，让业绩成倍增长
互联网			
一、互联网转型			
画出公司的互联网进化路线图 李蓓　著	18个“可以……吗”的问题作为产品、客户和价值方面的指引牌	**7个转变，让公司3年胜出** 李蓓　著	企业估值、业务模式、营销、生产制造、客户服务、用户黏性、组织管理7个转变
重生战略移动互联网和大数据时代的转型法则 沈拓　著	四个重生战略对应四个法则，告知传统企业的转型重生之路	**创造增量市场：传统企业互联网转型之道** 刘红明　著	为读者提供了寻找这些互联网的切入点和接触点的具体方法，带来增量市场
互联网+变与不变 本土管理实践与创新论坛　著	61篇精华文章，聚焦传统行业如何互联网+时代转型	**今后这样做品牌** 蒋军　著	顶层设计、营销创新、产品战略、渠道变革、品牌策略
移动互联新玩法 史贤龙　著	立足现实，剖析新时代背景下的移动互联趋势与热点	**互联网时代的成本观** 程翔　著	多维组合成本的互联网精神和大数据特征及应用
正在发生的转型升级实践 本土管理实践与创新论坛　著	100多位本土管理专家当年对最新一年的思考和实践	**1000铁杆女粉丝** 张兵武　著	如何让普通女性成为忠实追随的铁杆粉丝，磁力点、情感结、甜蜜区、信任圈

续表

书名	内容	书名	内容
混沌与秩序Ⅰ：变革时代企业领先之道 彭剑锋　施炜　苗兆光 王祥伍　孙波　夏惊鸣	新环境下企业面临变革应如何应对，企业家如何坚守并与企业共同成长	**混沌与秩序Ⅱ：变革时代管理新思维** 彭剑锋　施炜　苗兆光 王祥伍　孙波　夏惊鸣	对处于时代变革下的企业管理新机制、人力资源管理新思维，组织与人的新型关系，结合案例提出优化建议
消费升级：实践·研究 本土管理实践与创新论坛　著	从经营、管理、行业三个方面记录消费升级下的实践	**互联网精准营销** 蒋军　著	互联网时代整体策划、包装品牌和产品
智能推荐：让你的业务千人千面 刘国昊　周波　著	从资讯、电商、文娱行业来详细讲解智能推荐的应用，用户时间的争夺战	**制造业外贸营销网站建设** 宋金亮　著	介绍整个网站从无到有的实现过程，从分析思路、撰写内容到规划页面，列举了大量正反面实例，帮助读者理解和投入实践
零售巨头数字化转型操盘笔记 江楠　著	一线操盘运营经理分享传统零售巨头的新零售到家业务全盘操作细节		
二、抖音、微信微商、电商			
抖音营销系统 刘大贺　著	抖音系统的实战营销知识，上百个从0做大的案例	**金牌微商团队长** 罗晓慧　著	微商团队长创业实操的指导工具书
微商生意经：真实再现33个成功案例操作全程 伏泓霖　罗晓慧　著	精心挑选的33个微商成功案例，阐述具体操作过程	**快速见效的企业微信营销方法** 孙巍　著	站在微信生态的立体高度系统讲述企业微信快营销方法论
阿里巴巴实战运营：14招玩转诚信通 聂志新　著	产品定位、阿里巴巴排名因素、数据分析、标题优化等	**阿里巴巴实战运营2：诚信通热卖技巧** 聂志新　著	打开诚信通运营的金钥匙，十大具体运营技巧
电商高管私房课 子道　著	深刻剖析“结硬寨，打呆仗”的经营理念和操作方法，是电商零售管理者和执行团队的好参谋		
三、行业新营销			
餐饮新营销 杨勇　程绍珊　著	聚焦餐饮企业转型，系统的餐饮企业营销管理体系	**新零售进化路径** 李政权　著	预先复盘新零售及商业的未来，找到方向
珠宝黄金新营销 崔德乾　著	珠宝业新营销/新品牌/新产品/新零售/新连接/新场景/新服务/新传播/新管理	**黄金珠宝就这样卖：导购员月销百万的秘籍** 崔德乾　著	让顾客留下试戴、买单的80个技巧，让高级客户感动、一般客户依赖的6大行动秘籍。上午学下午用，让你成为月销百万的销售明星

续表

书名	内容	书名	内容
新零售动作分解与实操：建材·家居·家具 盛斌子　著	对泛家居行业趋势、店面管理、团队管理、促销推广、五感营销等提供策略	**新营销** 刘春雄　著	让品牌商和渠道商掌握获得独立流量的能力，能够与平台商博弈
快速见效的企业网络营销方法 B2B　大宗 B2C 张进　著	数据和案例 90% 来自作者服务的中小企业，快速全面地学习企业网络营销方法	**移动互联下的超市升级** 联商网专栏　著	超市未来的发展趋势，对社区超市、生鲜、全渠道建设、O2O 等提出观点
百货零售全渠道营销策略 陈继展　著	零售行业的竞争重点、行业本质、战略转型、未来趋势、经验和案例	**互联网时代的银行转型** 韩友诚　著	银行业在互联网金融变革浪潮中所做的积极应对和转型布局
触发需求：互联网新营销样本·水产 何足奇　著	通过鲜誉案例解读阐述水产行业如何进行互联网转型	**新农资如何弯道超车** 刘祖轲　著	从农业产业化、互联网转型、行业营销与经营突破四个方面阐述农资企业转型
新零售　新终端 迪智成　著	将新零售系统打法做梳理并落地在新终端建设上	**新经销：新零售时代教你做大商** 黄润霖　著	探访近 100 位经销商在传统营销手法上的创新，传统营销微创新和新营销本地化
医药医疗			
一、药店			
新医改了，药店就要这样开 尚锋　著	从药店定位的思考、内部和会员管理等方面探讨中小型药店发展方向	**电商来了，实体药店如何突围** 尚锋　著	新时代药店经营的三驾马车：药学专业服务、会员贴心服务和精准定向促销
引爆药店成交率 1：店员导购实战 范月明　著	药店人的零售工作，怎样接待顾客，完善销售技巧	**引爆药店成交率 2：药店经营实战** 范月明　著	从药店经营角度建立改善门店现状的实用标准
引爆药店成交率：专业化销售解决方案 范月明　著	从简单的拿药服务到提供多角度的专业解决方案	**连锁药店新风口：资本　智能　大数据** 动脉网　著	对我国连锁药店的市场环境、行业现状等进行分析，给出对连锁药店未来发展趋势的预判
药店导购关联销售技巧与成交话术 范月明　著	以药店情景案例导入，介绍常见疾病的导购销售话术与顾客心理分析，进而提供关联销售解决方案		

续表

二、药品销售			
书名	内容	书名	内容
医药第三终端：从控销到动销　诊所　基层医疗 王祥君　张芳文　著	用大量案例来梳理药企落地动销的策略、方法和技战术	**医药营销：诊所开发维护与动销** 张江民　著	从六个方面系统阐述基层诊所市场营销攻略
处方药合规推广实战宝典 赵佳震　著	对处方药推广体系搭建、推广人员岗位内容等六个方面进行阐述	**医药代理商经营全指导** 戴文杰　著	从产品选择、价格体系设计、路径管理等维度描述代理商产品操作的基本策略
处方药零售这样做 田军　著	处方药零售的重要性及做市场的具体措施和方法	**OTC 医药代表药店开发与维护** 鄢圣安　著	一位从初级 OTC 医药销售代表成长起来的销售经理的经验分享
OTC 医药代表药店销售 36 计 鄢圣安　著	以《三十六计》为线，阐述 OTC 医药代表向药店销售的技巧与策略	**做医生信赖的医药代表** 邹晓徽　宁剑锋 朱文虎　著	医药代表如何在合规要求下做好药品推广工作的操作工具书
三、药企转型			
药企战略·运营与医药产业重构 杜臣　著	医药产业的深度认知与发展趋势结合，战略思考与经营操作相统一	**医药行业大洗牌与药企创新** 林延君　沈斌　著	围绕创新介绍医药行业，介绍近百家医药企业创新实践案例
医药新营销 史立臣　著	从药企最关心的八个方面阐述制药企业、医药商业企业营销模式转型	**医药企业转型升级战略** 史立臣　著	从商业模式转型、管理转型、定位转型、运营模式转型和跨界转型五方面阐述转型
新医改下的医药营销与团队管理 史立臣　著	立足新医改相关政策的解读，为中小医药企业出谋划策	**在中国，医药营销这样做** 段继东　著	时代方略在医药营销领域思想、方法文章的精选合集
四、新医疗			
成为医疗器械领军者 王强　著	中小医疗器械生产企业和代理商怎样转型	**新型诊所经营与创新** 动脉网　著	对新型诊所从标准化管理、经营方式、团队建设、连锁模式四个方面进行解读
医美新风口：颜值经济下的亿万市场 动脉网　著	详细介绍中国医疗美容行业的发展趋势、现状及医美产业链等	**互联网医院：正在发生的医疗新变革** 动脉网　著	介绍互联网医院的建设与运营、管理，发展模式和市场布局，以及发展规律

续表

快消品			
一、快消案例			
书名	内容	书名	内容
中国快消品营销这些年 史贤龙　著	一本书浓缩快消品营销15年的实战历程与前沿思考	**这样打造大单品** 迪智成　著	通过13个大案例帮助企业梳理打造大单品的路径
你不知道的加多宝 曲宗恺　牛玮娜　著	以时间为轴线，详细叙述了加多宝品牌的发展历程	**娃哈哈区域标杆** 罗宏文　快车君 赵晓萌　寇尚伟　著	娃哈哈豫北市场如何成为娃哈哈全国第一大市场、全国增量第一的市场
六个核桃凭什么从0过100亿 张学军　著	全视角深度解读养元企业的裂变成长，复盘十年蜕变轨迹	**像六个核桃一样** 王超　著	六个核桃为什么卖得这么好，产品畅销的6大要义36条简明法则
5小时读懂快消品营销 陈海超　著	20年快消品市场风云洞察解码，丰富的案例解析		
二、快消品区域经理			
快消品营销团队管理 刘雷　伯建新　著	快消品团队管理相关的20余个工具+20余个案例	**这样打造快消品区域标杆** 罗宏文　牛玉龙　著	分两篇解决如何成功打造标杆市场和进行持续增量管理两大问题
成为优秀的快消品区域经理（升级版） 伯建新　著	作为区域经理的“速成催化器”，升级版增加11篇内容	**快消老手都在这样做：区域经理操盘锦囊** 方刚　著	一线成长起来的资深快消品营销人“压箱底”绝活
快消品营销人的第一本书 刘雷　伯建新　著	针对一线厂家业务员工作中常遇到的问题给予建议	**销售轨迹：一位快消品营销总监的拼搏之路** 秦国伟　著	一个普通营销人的故事，16年背井离乡的职场拼搏之路
快消品营销：一位销售经理的工作心得2 蒋军　著	从市场操作、团队管理、传播推广、营销的具体策略和战略等方面提供方法	**快消品区域/城市经理全渠道管理** 许翔　著	一位在日化巨头一线打拼多年的城市经理操作经验分享
三、快消品动销			
动销：产品是如何畅销起来的 余晓雷　著	从怎么被消费者买走和竞争对手是谁这两个原点解决动销问题	**动销操盘：节奏掌控与社群时代新战法** 朱志明　著	用七个章节阐述关于动销操盘的要诀，节点、节奏、主次、条件匹配性等问题
动销四维：全程辅导与新品上市 高继中　著	从产品、渠道、促销和新品上市四个方面详细讲解提高动销的具体方法	**快消品经销商这样做才赚钱** 张宇　著	从全新的角度，解读经销商的经营困境，并提供可实操的解决方法

续表

书名	内容	书名	内容
快消新产品成功上市 伯建新　著	新产品是什么？新产品该如何去做？新产品要如何销起来，长销而不是昙花一现？本书给你答案		
四、快消品渠道			
深度分销 施炜　著	渠道价值链、模式选择、渠道策略与管理、零售经销商管理、最佳实践、团队建设	**通路精耕操作全解** 周俊　陈小龙　著	对康师傅的制胜法宝通路精耕进行系统的介绍与说明，图表和完善入微的操作方法
酒水饮料快消品餐饮渠道营销手册 朱伟杰　著	对餐饮渠道深入挖掘，建立适合餐饮渠道发展的服务模式和组织保障措施	**快消品经销商如何快速做大** 杨永华　著	经销商如何通过经营实现规模，通过管理实现规模效益
快消品营销与渠道管理 谭长春　著	解决日常涉及的渠道管理、市场、产品等营销事务	**快消品招商的第一本书** 刘雷　著	从招商理论到招商动作进行系列化分解，化繁为简
采纳方法：化解渠道冲突 朱玉童　著	21 个最新的渠道冲突案例立体地介绍渠道冲突的现象和方法	**快消品促销管理与方案：规划 技能 工具** 张荣举　著	涵盖促销规划、打法、具体落地执行的细节和终端人员技能及训练，结合线上线下运作，提供全套方法
五、快消品企业战略			
重构：升级你的竞争优势 杨永华　著	用 7 大思维，帮你的企业提升档位	**变局下的快消品实战策略** 杨永华　著	从 5 个角度针对快消品企业如何应对行业变局给出答案
新营销 刘春雄　著	让品牌商和渠道商掌握获得独立流量的能力，能够与平台商博弈	**采纳方法：破解本土营销 8 大难题** 朱玉童　著	破解困扰营销人的八大难题，给出解决方法
白酒			
白酒营销培训宝典：复制高业绩 刘孝鞅　著	总结白酒营销人员系统运作市场的要点，转化为易学可复制的动作和工具表单	**酒水饮料快消品餐饮渠道营销手册** 朱伟杰　著	对餐饮渠道深入挖掘，建立适合餐饮渠道发展的服务模式和组织保障措施
白酒营销的第一本书 唐江华　著	多角度阐释白酒一线市场操作的最新模式和方法	**白酒经销商的第一本书** 唐江华　著	对经销商如何选择厂家、合作、运营品牌等问题给出建议

续表

书名	内容	书名	内容
白酒到底如何卖 赵海永　著	多角度阐释白酒一线市场操作的最新模式和方法	**白酒到底如何卖 2：从市场培育到动销** 赵海永　著	系统化、标准化、模式化的促成动销的实战操作方式和方法
变局下的白酒企业重构 杨永华　著	白酒企业重构期的营销战略与实操策略 6 大方法	**酒业转型大时代** 微酒　著	酒水营销、新闻资讯及行业分析、预测的知识宝典
区域型白酒企业营销必胜法则 朱志明　著	以 36 条法则从战略、营销、推广、产品线、品牌、市场、战术等方面提供方法	**10 步成功运作白酒区域市场** 朱志明　著	从市场攻守、产品攻略、新品上市、占领渠道、促销等十个层面阐述
白酒营销 1：中小酒企操盘与崛起 徐伟　徐涛　著	深入分析品牌与行业、操作方法，提供营销实操宝典	**白酒营销 2：品类创新策略升级** 黑格咨询　著	立足行业现状，建立品类创新、营销模式创新路径，提供市场建设方法、营销策略与工具案例
茶·调味品·油·乳业			
营销中国茶：2 小时读懂茶叶营销 史贤龙　著	中国茶营销的“困局”“破局”和“创举”	**中国茶叶营销第一书** 柏龑　著	纵览中国茶叶市场的全局，并且有针对性地提出问题并阐述解决方法
调味品营销第一书 陈小龙　著	15 年监控中国市场 50 个中外著名调味品品牌市场运作、管理等的经验总结	**调味品企业八大必胜法则** 张戟　著	提炼了调味品企业八大规律性的关键成功要素
食用油营销的第一本书 余盛　著	从小包装油行业概述到产品的基本知识，从基本执行动作到品牌整体策划等	**鲁花：一粒花生撬动的粮油帝国** 余盛　著	鲁花如何成长为优秀的带动农业产业发展的品牌
金龙鱼背后的粮油帝国 余盛　著	以金龙鱼为脉的一部中国粮油行业的史诗	**乳业营销的第一本书** 侯军伟　著	区域型乳品企业如何才能稳健发展
调味品经销商公司化运营 张戟　著	调味品和快消品经销商如何从“个体户”到“公司化”，一步步推进的具体方法		
工业品			
一、工业品销售			
大客户销售这样说这样做 陆和平　著	大客户销售活动的十大模块，68 个典型销售场景	**销售是个专业活** 陆和平　著	据客户采购流程拆分销售过程十阶段、讲解方法技巧

续表

书名	内容	书名	内容
成为资深的销售经理：B2B工业品 陆和平　著	让销售经理成功把握销售管理6个关键点，并提供工具	**一切为了订单：订单驱动下的工业品营销实践** 唐道明　著	以订单流程的三个环节为主线讲述工业品营销管理新思路
订单是这样拿到的 郑文洲　著	作者近10年销售生涯的回顾，真实销售故事和成功经验分享		
二、工业品营销			
工业品营销管理实务（第4版） 李洪道　著	是信任导向工业品营销体系的深化版、工业品营销管理体系优化咨询的升级版	**工业品企业如何做品牌** 张东利　著	为当下中国制造的品牌化转型提供经过实践证明的理念、方法和体系
工业品市场部实战全指导 杜忠　著	解决职能不清、市场部五大职能如何运作、职业发展路径等具体问题	**解决方案营销实战案例** 刘祖轲　著	十大工业品作者实操案例解码解决方案营销
资深大客户经理：策略准　执行狠 叶敦明　著	将大客户经理必须具备的规划、策略、执行三种能力运用自如	**渠道管理就这样做** 陆和平　著	渠道规划和设计、渠道成员选择和寻找、渠道谈判和签约、管理渠道日常活动、设计渠道激励政策、解决渠道冲突、渠道的评估和调整
三、工业品企业			
变局下的工业品企业7大机遇 叶敦明　著	探索工业品企业成长的新机会，7大战略与战术性机会	**两化融合管理体系贯标流程与方法** 戴勇　著	融合五十多家企业在两化融合贯标过程的经验，总结重点与举措
丁兴良讲工业4.0 丁兴良　著	多角度阐述中国在工业4.0的机遇和挑战		
建材家居			
一、建材家居门店			
家居建材促销与引流 薛亮　李永锋　著	对泛家居营销执行模式和工具、关键环节等进行汇总	**新零售动作分解与实操：建材·家居·家具** 盛斌子　著	对泛家居行业趋势、店面管理、团队管理、促销推广、五感营销等提供策略
家具行业操盘手 王献永　著	总结家具终端门店发展的现状及问题并给出策略	**手把手教你做专业督导** 熊亚柱　著	系统梳理督导的核心技能、岗位职责、工作流程及技能
手把手帮建材家居导购业绩倍增 熊亚柱　著	针对建材家居门店的业务人员、案例故事还原场景，教你成为好导购	**10步成为最棒的建材家居门店店长** 徐伟泽　著	梳理店长管理的核心工作职责、店面管理规范和帮助销售人员成长

续表

书名	内容	书名	内容
建材家居门店销量提升 贾同领　著	9个板块讲述建材一个单店如何做到经营的良性循环	**建材家居门店6力爆破** 贾同领　著	产品力、导购力、形象力、推广力、服务力、组织力
二、建材家居经销商			
新经销：新零售时代教你做大商 黄润霖　著	探访近100位经销商在传统营销手法上的创新，传统营销微创新和新营销本地化	**建材家居经销商42章经** 王庆云　著	经营管理的心法和战法，帮助经销商成为"业务妙手"和"管理能手"
成为最赚钱的家具建材经销商 李治江　著	针对建材家居行业的经销商，从销售模式、产品、门店、市场等方面给出方法		
三、建材家居企业			
定制家居黄金十年 韩锋　翁长华　著	对中国定制家居行业20年发展历程进行深度、系统、专业的解读	**建材家居营销：除了促销还能做什么** 孙嘉晖　著	探索家居建材行业营销的革命，发现行业"营销天花板"的突破口
建材家居营销实务：新环境、新战法 程绍珊　杨鸿贵　著	针对建材家居市场特点提出以客户价值为基础的整体营销价值链	**全屋整装　高利润运营手册** 翁长华　陈平　著	十大维度解决实际问题，是0到1极具操作性的整装指南
零售·餐饮·服装·影院·美容院			
新零售进化路径 李政权　著	预先复盘新零售及商业的未来，找到方向	**新零售　新终端** 迪智成　著	梳理新零售系统打法并落地在新终端建设上
移动互联下的超市升级 联商网　著	超市未来的发展趋势，对社区超市、生鲜、全渠道建设、O2O等提出观点	**百货零售全渠道营销策略** 陈继展　著	零售行业的竞争重点、行业本质、战略转型、未来趋势、经验和案例
超市卖场定价策略与品类管理 IBMG集团　著	零售企业的市场拓展与商品定位、商品结构与商品陈列、毛利分析与库存分析	**连锁零售企业招聘与培训破解之道** IBMG集团　著	围绕零售企业组织架构、培训体系建设等内容进行探讨
总部有多强大，门店就能走多元 IBMG集团　著	五大方向综合阐述连锁零售企业总部如何提升管理能力	**三四线城市超市如何快速成长：解密甘雨亭** IBMG集团　著	甘雨亭的许多关键经营指标均高于行业标准，学习其成功的方法
中国首家未来超市：解密安徽乐城 IBMG集团　著	对乐城超市的掌门人及内部员工的采访详细阐释了乐城的经验	**零售：把客流变成购买力** 丁昀　著	通过大量的实际案例对中国零售业态的升级转型之路提出思考
餐饮新营销 杨勇　程绍珊　著	聚焦餐饮企业转型，系统的餐饮企业营销管理体系	**电影院的下一个黄金十年** 李保煜　著	介绍了中国电影产业的运作模式及电影院的开发、设计思路

续表

书名	内容	书名	内容
餐饮企业经营策略第一书 吴坚　著	阐述餐饮企业产品之道、市场之道、顾客之道及盈利之道	**赚不赚钱靠店长，从懂管理到会经营** 孙彩军　著	注重专卖店的经营思路拓展，门店管理细节方面能力提升
时装买手自学通 范敏娜　编著	从流行趋势调研、商品企划、采购渠道、数据管理到店铺销售等时装买手需要具备的能力与操盘技巧	**美容院/养生馆高盈利经营模式** 陈鹏飞　著	5步实现店铺高盈利方法与策略
零售巨头数字化转型操盘笔记 江楠　著	一线操盘运营经理分享传统零售巨头的新零售到家业务全盘操作细节		
农牧业			
一、农资			
饲料营销有方法 陈石平　著	饲料营销的7大核心命题	**农资营销实战全指导** 张博　著	在农贲市场行之有效的营销策略和工具
新农资如何弯道超车 刘祖轲　著	农业产业化、互联网转型、行业营销与经营突破		
二、农牧企业			
中国牧场管理实战 黄剑黎　著	对牧场管理标准、管理制度、操作规程做出剖析和指引	**中小农业企业品牌战法** 韩旭　著	农业企业需要全产业链视野，更需要品牌实战方法
变局下的农牧企业9大成长策略 彭志雄　著	为农牧企业量身打造了9个立足现在、展望未来的成长策略	**农产品营销实战第一书** 胡浪球　著	针对33个农产品营销的核心问题提供具体招数
农产品全网营销 吴之　著	帮助全国农业合作社、家庭农场打造农产品品牌		
地产·汽车			
一、地产			
中国城市群房地产投资策略 吕俊博　刘宏　著	挖掘主要城市群的现状特征、发展因子、演化趋势、竞争关系等，给出分析建议	**产业园区/产业地产：规划、招商、实战运营** 阎立忠　著	从认知、规划、招商、运营四方面系统解读产业园区的建设精要和运营技巧
人文商业地产策划 戴欣明　著	“全球化视野（创意）”+“人文+”思维	**产业园区/产业地产2：系统化经营与操盘攻略** 阎立忠　著	全方位系统解析产业园区运营策略

续表

书名	内容	书名	内容
从零开始打造产业园区 刘晓君　著	全流程，系统化，注重细节，多角度教你打造产业园区		
二、汽车			
商用车经销商运营实战 杜建君　著	对商用车经销商的经营与管理、4S店运营做了全方面的系统总结	**汽车配件这样卖** 俞士耀　著	适合轮胎、机油、维修、快保、美容、洗车等汽车服务业态销售实操办法
润滑油销售：这样说，这样做更有效 张金荣　著	总结润滑油销售面对三大客户常遇到的200余个营销问题解决方法	**润滑油品牌营销** 张金荣　著	没有说教，只有方法，适合小微企业、代工品牌、经销商、营销人阅读
投资理财·收购资本			
交易心理分析 马克·道格拉斯 【美】　著	一语道破赢家的思考方式，并提供了具体的训练方法	**财报背后的投资机会** 蒋豹　著	零基础轻松掌握财务报表的相关知识，快速入门
写给企业家的公司与家庭财务规划 周荣辉　著	以企业的发展周期为主线，介绍各阶段企业与企业主家庭的财务规划	**分股合心** 段磊　周剑　著	围绕股权激励，详细介绍相关知识和实行方法
成功并购300问 浩德并购军师联盟　著	系统学习资本运作和企业并购知识的金融工具书	**并购名著阅读指南** 叶兴平　著	从全球5000多本并购图书中精选200本并进行评价
避开股权合伙这些坑 苏雯静　著	根据创始合伙人、外部合伙人、内部合伙人等方面的实际案例做归纳和梳理	**产业并购操盘手** 张军杰　著	15个案例，11个范本，38个图表，拿来即用
科创板IPO上市全流程指导 丁先云　刘海旭　著	不仅有各项制度的深入剖析，更有各种问题和解决方案的详细论述，配合案例，轻松操作	**市值战略：上市公司市值管理有方法** 和恒咨询　著	正确理解，系统规划、全面执行市值战略。从"势道法术力"五个维度思考和设计市值战略
左手企业经营　右手资本运作 周永信　著	"产业＋资本"两手抓，融资、股权、公司控制……共同驱动企业利润、资产、市值、估值的成长		
阿米巴			
阿米巴经营的中国模式 李志华　著	基于阿米巴经典理念提出了适合中国本土的员工自主经营的"1532"模型	**集团化企业阿米巴实战案例** 初勇钢　著	作者在某酒厂推行阿米巴经营模式的心得

续表

书名	内容	书名	内容
中国式阿米巴落地实践之激活组织 胡八一　著	划分原则、裂变与整合、组织管控、重新定位、巴长竞聘和组阁	**中国式阿米巴落地实践之从交付到交易** 胡八一　著	从6个方面阐述经营会计，从交付到交易是成功实施阿米巴的标志
中国式阿米巴落地实践之持续盈利 胡八一　著	企业做成平台、平台做成阿米巴、阿米巴做成合伙制		
人力资源管理			
一、绩效 · 薪酬			
回归本源看绩效 孙波　著	从目的和概念帮助企业梳理绩效管理与经营的关系	**走出薪酬管理误区** 全怀周　著	从7个常见的薪酬误区入手为企业提供一套系统解决方法
曹子祥教你做绩效管理 曹子祥　著	作者核心授课课程的还原，掌握绩效管理的核心内容	**曹子祥教你做激励性薪酬设计** 曹子祥　著	作者28年咨询经验总结，如何进行科学的薪酬体系设计
二、招聘 · 面试 · 培训			
把招聘做到极致 远鸣　著	资深招聘经理多年工作心得的提炼	**把招聘做到极致2：灰度招聘全攻略** 黄渊明　李佳倩　著	从实践需求出发，兼容并包各种优秀的招聘理论、方法、经验与工具，并进行创新性的应用
把面试做到极致 孟广桥　著	一套实用的确定岗位招聘标准，提升面试官技能方法	**世界500强资深培训经理人教你做培训管理** 陈锐　著	构建培训体系、培训组织、培训文化、开发培训资源，教你做培训管理
把猎头做到极致 李佳倩　黄渊明　著	帮助猎头顾问从平庸走向优秀	**招聘面试：用提问得到真相** 陈硕　著	十二年资深HR招聘面试经验分享，教你学会如何提问
人才评价中心漫画版 邢雷　著	用漫画形式写成的人才测评专业书籍	**上市公司培训体系搭建** 初忠宝　著	上市公司培训经理分享体系搭建的框架和案例
三、HR 高管 · 劳动法			
经营型HRD 黄渊明　著	总结企业HRD如何支撑企业经营，抓好七件关键事情	**人才供应链：实现高绩效均衡的人才管理模式** 许锋　著	打造人才供应链的四大支柱、十项修炼的完整体系
新任HR高管如何从0到1 新海　著	到互联网创业型企业担任HRVP，从0到1建立较完善的HR体系	**人力资源体系与e-HR信息化建设** 刘书生　陈莹 王美佳　著	6大框架、28个关注点、5大目标、6大优势、166个交付物咨询体系和盘托出
集团化人力资源管理实践 李小勇　著	针对集团型企业人力资源管理的问题提出科学建议	**我的人力资源管理笔记** 张伟　著	第三方咨询视角跳出“技术方法”看人力资源管理

续表

书名	内容	书名	内容
人力资源的5分钟劳动法 李皓楠　著	入职管理、在职管理、离职管理中遇到的劳动法问题及应对	**海外人力资源管理：帮企业成功"走出去"** 黄渊明　著	弥补了中国企业海外人力资源管理实践体系建设的空白，具有开创性意义
从零开始学：胜任力模型建模与应用 林丽萍　著	手把手教你做胜任力建模，并通过大量的企业案例拆解介绍模型在各个方面的落地应用	**上市公司总经理助理工作笔记** 黄娜　著	40个案例，教你从小白助理到资深总助
用好任职资格体系 杨序国　著	以某企业为案例，系统地介绍了企业HR如何通过任职资格体系帮助员工成长	**胜任力模型咨询笔记** 韩文卿　著	吸取和总结了世界500强企业的胜任力模型搭建体系和方法
三支柱与业务型人力资源部建设 段凤鸣　著	从专业型HR走向业务型HR，有效提高HR在企业绩效中的贡献值		
四、HRBP			
HRBP是这样炼成的之菜鸟起飞 黄渊明　著	作者在初步转型HRBP两年时间里摸索实践的亲身经历与总结	**HRBP是这样炼成的之中级修炼** 黄渊明　著	结合作者亲身从事HRBP的工作经历，总结HRBP的作战故事
HRBP高级修炼 黄渊明　著	故事方式，HRD角度深度呈现运用HRBP的思维、方法		
企业文化			
企业文化落地本土实践 王祥伍　著	华夏基石"知信行"模型描绘企业文化落地路线图	**企业文化的逻辑** 王祥伍　著	从文化起源深刻剖析文化、效率、企业、企业文化联系
企业文化定位·落地一本通 王明胤　著	企业文化理念传播和落地聚焦的17种方法，解读了近100个实战案例	**36个拿来就用的企业文化建设工具** 海融心胜　著	汇集整理了36个通用的企业文化实践工具
企业文化激活沟通 宋杼宸　安琪　著	系统阐述沟通与企业文化的关系，给予企业提升沟通效能的企业文化解决方案	**企业文化建设超级漫画版** 邢雷　著	用漫画形式写成的企业文化建设专业书籍，理论体系和29个具体的操作方法
在组织中绽放自我 朱仁建　著	个人与组织之间的关系，文化对组织化形成的影响	**用企业文化提升经营绩效** 彭剑锋　尚艳玲　主编	企业要想在竞争中利于不败之地，就不能没有能打胜仗的企业文化与领导力

续表

书名	内容	书名	内容
企业文化建设与咨询工具　案例 尹宏亮　著	着眼难题，为企业"把脉"做诊断		
流程管理			
营销·研发·供应链业务架构与流程管理 谭勋晖　著	营销、研发、供应链三大业务流程变革实践经验总结	**打造集成供应链** 王春强　著	第一用力在"集成"上，梳理内外部相关模块及其依赖关系
人人都要懂流程 金国华　余雅丽　著	50幅流程管理漫画，内部对流程价值理念的高度共识	**用流程解放管理者** 张国祥　著	8个板块构成，共66篇文章，14幅流程管理图
用流程解放管理者2 张国祥　著	对中小企业规范化流程管理进行系统的阐述	**跟我们学建流程体系** 陈立云　罗均丽　著	在《跟我们做流程管理》的基础上丰富了标杆实践案例
从零开始学做流程管理 张国祥　著	手把手教你从小白到流程经理		
质量管理			
16949质量管理体系落地与全套文件汇编 谭洪华　著	对IATF16949每个条款讲解采用理解、作用、落地、模板、成功案例模块解析	**ISO9001：2015制造业文件模板全集** 贺红喜　著	五篇内容组成的完整的质量管理体系工具文件
精益质量管理实战工具 贺小林　著	四个方面对精益质量管理进行了全方位介绍和解读，并提供大量的方法工具	**五大质量工具详解及运用案例** 谭洪华　著	APQP、FMEA、MSA、SPC、PPAP五大质量工具的具体运用
IATF16949质量管理体系详解与案例文件汇编 谭洪华　著	针对IATF16949的标准原文做详细解说，同时提供大量的表单案例	**SA8000：2014社会责任体系认证实战** 吕林　著	将SA8000多版本及10多年的体系实战经验汇编成书
ISO9001：2015新版质量管理体系解读与案例文件汇编 谭洪华　著	对ISO9001：2015新版标准理解和运用操作进行详细解读	**ISO14001：2015新版环境管理体系解读与案例文件汇编** 谭洪华　著	ISO14001：2015改版后的差别和操作运用进行详细讲解
我在世界500强做供应商质量管理 宋华　著	分享汽车行业成熟的供应商质量管理体系和方法，都是作者的亲身经历	**ISO45001职业健康安全管理体系落地+全套案例文件** 谭洪华　著	每个条款清晰讲解，内容完全落地，轻松运用
五大质量工具之FMEA（2019第五版）详解及运用落地 谭洪华　著	对2019年6月修订的第五版FMEA标准进行详解，提供落地操作方法和全部案例文件，可直接套用		

续表

精益生产			
一、精益·JIT·IE			
书名	内容	书名	内容
精益思维：超越对手的力量 刘承元　著	以尊重人性的精益思想为切入点，分别从管理者的精益理念、精益思维、精益实践、精益中国制造等方面进行独到的分析	**比日本工厂更高效** 刘承元　著	管理提升无极限＋超强经营力＋精益改善里的成功实践
计划与物流精益改善之道 于晓光　著	围绕“计划与物流战略咨询的方法论”进行解析，提供方法论和案例	**300张现场图看懂精益5S** 乐涛　著	通过日本丰田、上市企业案例，用300张现场图系统讲解5S管理
3A顾问精益实践1：IE与效率提升 党新民　苏迎斌 蓝旭日　著	系统、全面地介绍IE工厂管理技术，提高效率创造价值	**3A顾问精益实践2：JIT与精益改善** 肖智军　党新民　著	系统、全面地介绍JIT生产方式，并加入实践案例
高员工流失率下的精益生产 余伟辉　著	从三方面论述推行精益管理时如何应对员工流失	**让员工爱上6S管理** 肖智军　著	提供了众多企业的原版资料、案例，还汇集了一些企业骨干的推行感想、感悟及反思
200张图表学精益管理：IE工厂效率提升方法 刘秀堂　著	IE工程师视角，全是一线经验。精益落地的实操方法，大量图表工具让你上手就能做		
二、生产管理			
化工企业工艺安全管理实操 黄娜　著	围绕化工工艺安全14要素来展开分析	**手把手教你做专业生产经理** 黄娜　著	生产经理如何在信息流、物流、资金流三大流中开展工作
欧博心法：好工厂　靠管理 曾伟　著	从管人篇和管事篇帮助读者解决人难管、事难控	**欧博工厂案例1：生产计划管控对话录** 曾伟　曾子豪　著	工厂管理生产计划管控模块的8个全景细节大案例
欧博工厂案例2：品质技术改善对话录 曾伟　曾子豪　著	工厂管理品质、技术、效率管理模块的10个全景细节大案例	**欧博工厂案例3：员工执行力提升对话录** 曾伟　曾子豪　著	工厂管理人员管控模块的5个全景细节大案例
工厂管理实战工具 曾伟　著	中国传统文化指导下的工厂管理工具	**制造业成本倍减42法** 王天江　著	42种经过实际验证有效的成本降低方法，用61个真实案例说明

续表

书名	内容	书名	内容
制造企业上10亿其实并不难 杨小林　著	年产值1亿～10亿元中小制造企业在工厂经营和管理上的业务指导	**10个月打造星级班组** 金学俊　熊霆　著	一套系统快速的班组打造方法与实践案例
三、班组长			
全能型班组：城市能源互联网与电力班组升级 国网天津电力公司　著	从互联网时期的班组转型升级出发，对新型班组组织模式和运行机制进行设想	**国网天津电力全能型班组建设实务** 国网天津电力公司　著	聚焦天津电力公司在探索全能型班组转型升级时的优秀实践
	咨询·培训师		
培训师事业长青之道 廖信琳　著	培训师自我管理的"洋葱模型"、十项内容与五个层级	**管理咨询师的第一本书** 熊亚柱　著	深度剖析初级入行咨询师在工作中遇到的问题
资深管理咨询顾问工作心得 张国祥　著	使用手册讲述咨询师如何操作项目、老板如何选择咨询师、企业如何自主落地	**手把手教你做顶尖企业内训师** 熊亚柱　著	从开、控、收、编、制、用的角度去履行培训师的职责
TTT培训师精进三部曲上 廖信林　著	手把手教你"深度改善现场培训效果"的一招一式	**TTT培训师精进三部曲中** 廖信林　著	建构一整套培训课程设计与开发的认知架构和方法体系
TTT培训师精进三部曲下 廖信林　著	通过"沉淀职业功力的六度模型"，帮助培训师在职业技能上持续精进	**轻咨询：老板问诊管理咨询专家实录20例** 董坤　著	从1000+案例中精选的24个咨询案例笔记整理而成
TTT培训师课程开发宝典 张刘伟　著	好课是设计出来的，本书手把手教你打造爆款课，完全重塑教学体验		
	产品·研发		
研发体系改进之道 靖爽　陈年根 马鸣明　著	取材数十家企业研发改进的咨询实践，提炼一套实操的改进步骤与工具	**新产品开发管理，就用IPD（升级版）** 郭富才　著	把产品经营的思想凝结在新产品开发管理机制中，升级版更丰富
产品开发管理：方法·流程·工具 任彭枞　著	结合超过300家企业的实际研发管理方法，总结问题和方法，大量表格	**资深项目经理这样做新产品开发管理** 秦海林　著	采用过程管理方法，对新产品开发的四大过程进行分析，主要针对小电器产品
产品炼金术Ⅰ：如何打造畅销产品 史贤龙　著	打造畅销产品的四个方法	**产品炼金术Ⅱ：如何用产品驱动企业成长** 史贤龙　著	从经营者视角重新认识产品，快速诊断产品现状
快消品产品开发方法：打造快消爆品 张荣举　著	提供整套实战性的思维、方法、技能和工具，直接带有表格及公式，一看就能上手		